恥ずかしい日本語

語彙力・社会人力アップのための楽しい日本語講座

山口謠司
大東文化大学文学部教授

廣済堂出版

はじめに

最近、私は、言葉を、まるで水滴のようだと思っています。

一滴の水を、ひとつの言葉と考えてみると、とっても愛しいもの、とても不思議なものに感じられるのです。

たとえば、一滴の水は、それ自体として存在しているように見えて、それだけで「在る」ことはできません。しかし、その一滴を川に、海に、放ってしまうと、「一滴」は見えなくなり、もう二度と、それを手に取ることはできなくなってしまいます。

一滴の水は、どこにでも在り、じつはどこにもないものなのです。

ひるがえって言葉というものを見てみると、これも同じようなものではないかと思われます。

ひとつの言葉を、書いたり、読んだり、話したり、あるいは辞書の中に探したりすることはできるでしょう。

ですが、ひとつの言葉だけで存在することはできません。できるとすれば、せいぜい、叫び、驚きなどを表す「音」くらいなものでしょう。しかし、叫びの言葉であっても「日本語」という大きな川の流れ、大きな器があってこそ、言葉として存在することができるのであって、それだけであれば、動物の鳴き声と何ら変わりはなくなってしまいます。

さて、日本語がどこから生まれて来たのか、それは現代の言語学では解明不可能なこととなっています。

ただ、漢字が伝わることによって初めて、日本語は記録することができるようになりました。今でも、日本語に漢字は欠くことができません。そして、漢字から片仮名や平仮名が生まれ、大和言葉や外国語を書き表すことができるようになったのでした。

漢字の総数は、およそ十万字と言われます。

日本語の語彙数は、約五十万語に及ぶと言われています。

これらをすべて使わないと生きていけないということではありませんが、ひとつひとつの漢字、語彙が日本語という大きな宇宙を作っているのです。

この宇宙を「海」と言うこともできるでしょう。実際に、明治時代に作られた大槻文彦《おおつきふみひこ》の日本語辞典は『言海』と名づけられました。

この大きな海、そしてそこに注ぐ大きな日本語の河から一滴を手に取って眺めて見ると、その一滴がとても愛しく、不思議なものに感じられるのです。

『日本書紀』編纂《へんさん》から千三百年。「日本」という国号が初めて公けに使われたのが本書であることからすれば、本書の成立をもってひとつの「日本語」の出発点とすることもできるでしょう。

千三百年の日本語の歴史の流れの中で育まれてきた日本語の雫《しずく》、一滴一滴を考えることの幸せを思わずにはいられません。

日本語の海の中から一滴を掬《すく》って、皆様とその不思議さを楽しめればと思います。

董雨白水堂にて　やまぐちようじ

第1章 聞いたことがある言葉の語彙を知る

CONTENTS

第2章 漢字の意味がわかると語彙がわかる

第3章

ふたつの言葉から語彙を知る

CONTENTS

第4章 うまく説明できない言葉の語彙を知る

第5章 人に話したくなる言葉の語彙

◆編集協力／オフィス・スリー・ハーツ
松山久
◆本文デザイン・DTP／桜井勝志
◆カバーデザイン／萩原弦一郎（256）
◆編集／飯田健之

第1章

聞いたことがある言葉の語彙を知る

ことのほかの「こと」は
「事」ではありません

ことのほか

▼「殊《こと》」の「朱」には切り落とすという意味があることから「殺してしまう」ということを表しています。

◇言葉の語源・解説

「ことのほか」の「こと」を漢字で書くと「事」と書く人がいますが、これは間違いです。正しくは「殊《こと》」と書きます。

「ことのほか」の「こと」は「事」ではなく「殊」が正しいことは、「殊」という漢字の成り立ちを知っておくと間違えることはないと思います。

「殊」の「朱」の部分に注目しましょう、「朱」はマサカリで木を切り倒すことを表している漢字です。「殊」には「死」の左の部分と同じ「歹」があります。つまり「殊」には木を切って「殺してしまう」という意味があるのです。

日常生活には楽しいことがたくさんありますね。でもその中でひとつだけを選択し、それ以外のものをすべて斬り捨て、ひとつに絞り込むという意味があるのが「殊のほか」なのです。たとえば、卵焼き、ゆで卵、半熟卵、オムレツ…などなど、色々な卵料理がある中で「殊のほか、わたしはオムレツが好きです」と言うと、他の卵料理をすべて捨て、オムレツだけを選んだことを意味します。

つまり「殊のほか」とは、いろいろな要素がある中でひとつだけを選び、他の要素は切り捨てるという意味がある言葉なのです。

「たぶらかす」は漢字で書くと
「誑かす」となります

たぶらかす

▼相手の欲望をかきたて、人の心を動かしていくということを表している言葉です。

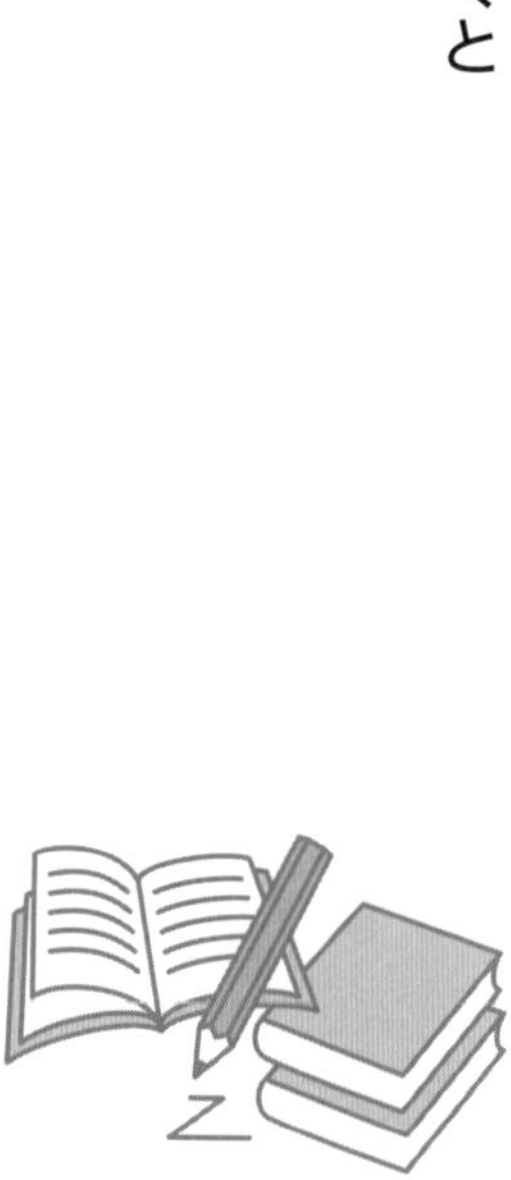

◇言葉の語源・解説

「たぶらかす」は、うまいことを言ったり、なにかをごまかしたり、すなわち怪しい手段で人を騙《だま》すという意味で使われます。「たぶらかす」という言葉の語源は、「戯《たわむ》れて、そして転がす」であると言われています。

「たぶらかす」は「言」＋「狂」で「誑かす」と書きます。「狂」とは犬がわがもの顔で、なんでも自由にしている様子を示しています。そこから犬のように周りのことを気にせず、自分の思いをとおすことだけを目的とし、手段を選ばず、なにをしでかすかわからないような状態を指すのが「狂」という字なのです。「誑」という漢字は、その「狂」に「言（ごんべん）」がありますので、「こういうふうにしたらどうか」「あのようにしたらどうか」というように騙すことを表しています。すなわち言葉で人を洗脳し、気持ちを動かしていくのです。「たぶらかす」の語源とされている「戯れて、そして転がす」は、人が変わったように誰かに「これを買うとお金持ちになりますよ」「これを使うと幸せになりますよ」と相手の欲望をかきたて、相手の人の心を動かしていくということを指しているのです。オレオレ詐欺や振り込め詐欺などが頻繁《ひんぱん》に起きていますが、絶対に「たぶらかされる」ことのないよう注意したいものです。

「裏をかく」はもともとは
「裏かかず」と言っていました

裏をかく

▼「通さない」という意味だったものが
正反対の「通す」という意味に
変化しました。

◇言葉の語源・解説

「裏をかく」とは、相手の計略《けいりゃく》を出し抜き、相手が考えていることを手玉にとり、相手に勝利することをいう言葉です。

「裏をかく」の「かく」を漢字では「掻く」と書きます。

古くは『平家物語』に「裏かかず」という言葉が見えます。木曽義仲《きそよしなか》（朝日将軍、旭将軍とも呼ばれている）が殺される有名な場面で、雨が降るように矢が飛んでくるが、木曽義仲がまとっている鎧《よろい》がいい物だったため、矢が裏まで通らなかったという様子を「裏かかず」と表現していました。

「裏かかず」は江戸時代になると「裏をかく」に変化し、相手を出し抜くという意味で使われるようになりました。

もともとは「裏かかず」と何かを通さないという意味で使われていた言葉が、正反対の意味である、「裏まで通す」という意味に変化し、「裏をかく」となったのです。

「掻く」は「扌（てへん）＋又＋虫」です。「扌（てへん）」は動作を表します。「又」は爪を表しています。虫が腕にからんでくると気持ち悪いものです。ですから爪で気持ち悪いことを取り除こうとしている様子を表しているのが「掻」という漢字なのです。

のべつ幕なし

「のべつ」はしゃべっている
様子を表しています

▼しゃべり続けているので
舞台の幕をおろすことが
できないという意味があります。

◇言葉の語源・解説

休みなく、ひっきりなしで何かに没頭している様子を「のべつ幕なし」と言います。「幕なし」とは幕がおりることがない、すなわちずっと舞台が続いているさまを指します。

古く江戸時代までは「のべつ」だけで、「休みなく、ひっきりなしに」という意味で使われていました。現在のように「のべつ幕なし」というようになったのは、明治時代になってからです。「のべつ」は「延べつ」「伸べつ」と書くことができます。「延べつ」は延長しているという感じが伝わりますし、「伸べつ」も続いているという様子が伝わります。「延べつ」「伸べつ」は当て字で、「のべつ」はもともと「述べつ」と書き、ずっとしゃべっている様子、すなわち終わりがないさまを表していました。

今は「のべつ」は「述べつ」「延べつ」「伸べつ」とは書きません。パソコンで入力変換しても「のべつ」は「のべつ」としか出てきません。

「のべつ幕なし」はもともとは「述べつ」という、ずっとしゃべり続ける様子を表す言葉です。それが明治時代になると、しゃべり続けているので幕をおろすことができないという意味から、休みなく、ひっきりなしに何かをやり続けるさまを「のべつ幕なし」というようになったのです。

旅には集団で行動するという意味があります

ひとり旅

▼集団行動を表す漢字が「旅」です。ひとりで旅をするということは矛盾しています。

◇言葉の語源・解説

「旅」という漢字を使った言葉に「ひとり旅」というものがあります。でも、「ひとり旅」に違和感を抱きます。

「旅」という漢字には、「方」があります。この漢字は旗を立てているさまを表します。そして「㐺」は人が集まっていることを示しています。一九七〇年代からは、多くの人たちが海外旅行に出かけて行くようになりました。海外に到着すると添乗員の人が「〇×会社ご一行」などという旗を立て、その後をついて行ったものです（今でもそうかもしれませんが）。この姿がまさに「旅」という漢字が表す「旅」の様子なのです。

団体行動をするときには、ひとつの旗のもとに行動をすることが多いものです。「旅」という漢字には集団行動という意味が含まれています。ですから「ひとり旅」とは「ひとり＋集団」という意味になってしまい、矛盾している言葉となってしまうのです。

中国の有名な詩人である杜甫《とほ》や李白《りはく》の詩を読むと、ひとりで旅をしているように感じますが、旅をするときには米を炊く人、米を運ぶ人、衣服を運ぶ人などなど、四十～五十人程度の使用人を一緒に連れて移動していました。まさに「旅」という漢字のもつ意味のとおりの行動をしていたのです。

平安時代末期にはすでに
使われていました

見《み》繕《つくろ》う

▼相手と戦うときに相手の態勢を見て、
それから自分たちの態勢を
整えていくことを指すのが語源です。

◇言葉の語源・解説

「見繕う」は、いきつけのお寿司屋さんや小料理屋さんなどに行った時に言う言葉。

「適当に見繕ってくれませんか？」

お店の人が、旬な素材を活かした料理を提供したり、お客さんの好みを探りながら料理を提供していく様子を「見繕う」と言います。

見繕うの「繕」は、「ベストな組み合わせ」という意味が含まれています。つまりお客さんが満足する料理の組み合わせを提供するということになります。

これは日本独自の文化で、なかなか欧米では見ることができないシステムではないでしょうか。

「見繕う」という言葉は、『平家物語』や『太平記《たいへいき》』にも出てきます。ということは平安時代末期から鎌倉時代にはすでに使われていたことがわかります。

もともとは戦などで相手と戦うときに、相手の態勢を見て、それによって自分たちの態勢も整えていくという意味を指す言葉として「見繕う」は使われたのでした。

「いじめ」は「虐め」と「窘め」に
書き分けることができます

いじめ

▼「いじめ」という漢字にはひどい扱いを
したり、身動きができないように
してしまうという意味があります。

◇言葉の語源・解説

夏目漱石は『吾輩は猫である』の冒頭に、「窘《いじ》める」という漢字を使っています。

この漢字は、「穴（あなかんむり）」の下に君という字が書いてあります。「君」という字の「口」は丸い石のようなものを意味しています。「尹」の部分は手を表していますので、すなわち「君」は手でなにかを丸めているさまを意味します。

「窘」は穴の中に丸くなってしまい、身動きができない様子を示しています。

つまり誰かに対し、身動きができないようにしてしまうという意味合いから「いじめ」となるわけです。

「虐め」は、相手に対して手でひどい扱いをすることを指します。それは、「虐」が虎が爪で獲物を狩ることを描いたものだからです。はたして「窘め」は相手を身動きができないように拘束するような、ひどい扱いをすることを言います。

もうひとつ、ついでに「苛」も「いじめ」と読みます。これはトゲのある草にチクチクされることがもとの意味です。いずれにしても、いじめはよくないことであるのは間違いありません。

ぞっこん

「ぞっこん」の語源は「そこつほん」であり、「底つ根」と漢字で書きます

▼異性の相手に対して、本気で惚れている様子を示すときに使います。

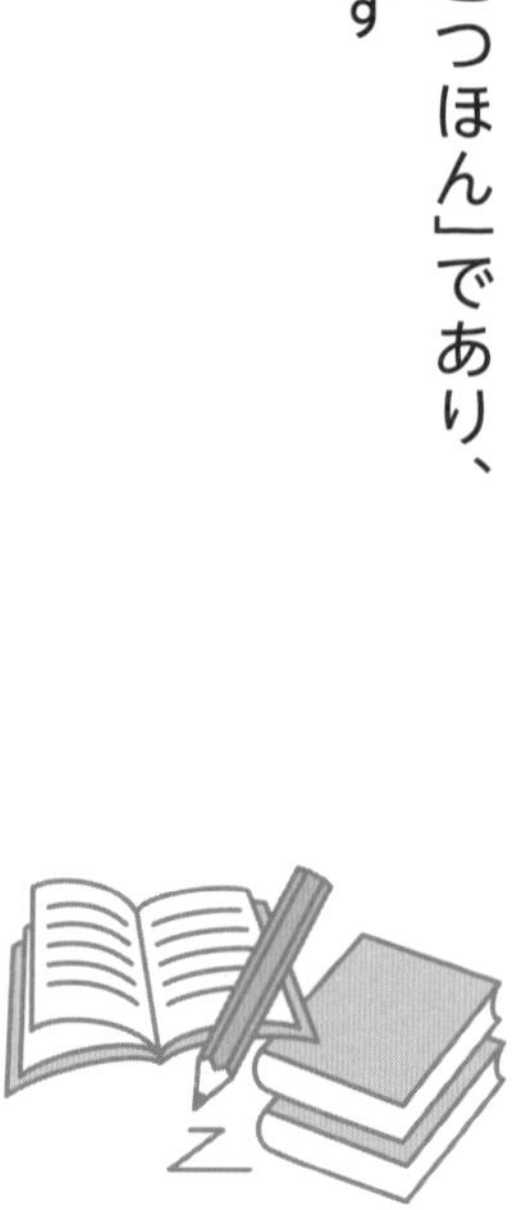

◇言葉の語源・解説

「ぞっこん」とは、異性の相手に特別な感情を抱いているようなときに使う言葉です。「ほんとうに」という意味合いもあり、「ぞっこん嬉しい」という言い方が明治時代でよく使われていました。

しかし今ではほとんどの場合、「ぞっこん」とは誰かに対し、惚れている様子を示すときに使います。

江戸時代初期までにさかのぼりますと、「ぞっこん」は「そっこん」と言っていました。「ぞっこん」の語源は「そこつほん」であり、「底つ根」と漢字で書きます。「そこつほん」の「こ」が欠落し、それが変化して「そっこん」となったのです。

江戸時代では「そこつこんから嬉しい」「そこつこんから楽しい」「そこつこんから惚れている」というように使われていました。それが時代の流れとともに「ぞっこん嬉しい」「ぞっこん楽しい」「ぞっこん惚れている」と変化していったのです。「そっこん」と「ぞっこん」の違いは「そ」に濁点がついているかどうかです。語感として、「そ」より「ぞ」のほうが強い印象をうけ、本当に心の底からわきあがった感情が相手に伝わるので「そ」が「ぞ」に変化したのだと考えられます。

江戸時代では「ぎゃふん」は「ぎょふん」と言っていました

ぎゃふん

▼「ぎゃふん」の「ぎゃ」は驚きを表し
「ふん」は「ふ～ん」、
すなわち承認するという意味があります。

◇言葉の語源・解説

言い負かされて何も言い返せないさまを「ぎゃふん」と言います。これは明治時代になってから出てきた言葉です。江戸時代までは「ぎゃふん」は「ぎょふん」と言っていました。語源を調べてみますと、「ぎゃふん」の「ぎゃ」は驚きを意味し、「ふん」は「ふ〜ん」、すなわち承認を意味します。つまり「驚き＋承認」が「ぎゃふん」なのです。

江戸時代は「ぎゃ」は「ぎょ」でした。なぜなら、当時は驚いたときには「ぎょ」と言っていたからです。タレントのさかなクンが驚くさまを「ぎょぎょ」（魚とかけているかしれませんが）と言うような感じです。

もうひとつ「ぎゃふん」の語源について面白い説があります。それは「ぎゃふん」は一八三七年に登場したという説です。江戸で大塩平八郎が乱を起こします。彼は捕まり、逢坂《おおさか》奉行所《ぶぎょうしょ》に送られることになりました。奉行所には町田有衛門《まちだありえもん》がおり、彼に対して大塩平八郎は「義《ぎ》や憤《ふん》なり」と言ったのです。私の行為は正しい（＝義）のに捕まってしまい、憤っているという意味をこめ「ぎゃふんなり（義や憤なり）」と叫んだというのです。

おそらくこれは作り話である可能性もありますが、面白い説のひとつではないでしょうか。「ぎゃふん」とならないように注意したいものです。

「手に手にわんわう」というのが
「てんやわんや」の語源です

てんやわんや

▼「てんやわんや」の「てんや」には各自、「わんや」には無茶苦茶になるという意味があります。

◇言葉の語源・解説

最近あまり耳にする機会が少なくなってしまった「てんやわんや」ですが、これは、人々が勝手にふるまって騒ぎたて混乱させるという意味があります。

一九五二（昭和二七）年に結成、一九八二（昭和六二）年まで漫才師として活躍した、獅子てんやさんと瀬戸わんやさんの名コンビ、彼たちの略称を「てんやわんや」と呼んでいました。この「てんやわんや」とは江戸語です。『俚言集覧《りげんしゅうらん》』（一七九七年頃）という辞書の中に、江戸の俗語と書かれ〝混乱すること、無茶苦茶になる〟という意味であると記されています。「てんやわんや」の「てんや」は「手に手に」という意味があり、すなわち各自という意味があります。「てんでてんで」と言っていた言葉が時間とともに「てんや」と変化していきました。「わんや」は「枉惑＝おうわく」と書き、それが変化して「わんや」となり、無茶苦茶ということを表しています。各自が無茶苦茶になってしまうという様子を「てんやわんや」と呼んでいたのです。つまり「手に手にわんわう」が時間とともに変化したのが「てんやわんや」だったのです。

名漫才コンビがいなくなってしまってから、「てんやわんや」という言葉も、あまり聞かれなくなったような気がします。さびしい限りです。

江戸時代まで日本人は牛肉を
食べる慣習がありませんでした

すき焼き

▼農具の鋤《すき》の上で焼くから「すきやき」
剥《す》いた牛肉だから「すきやき」と
ふたつの語源があります。

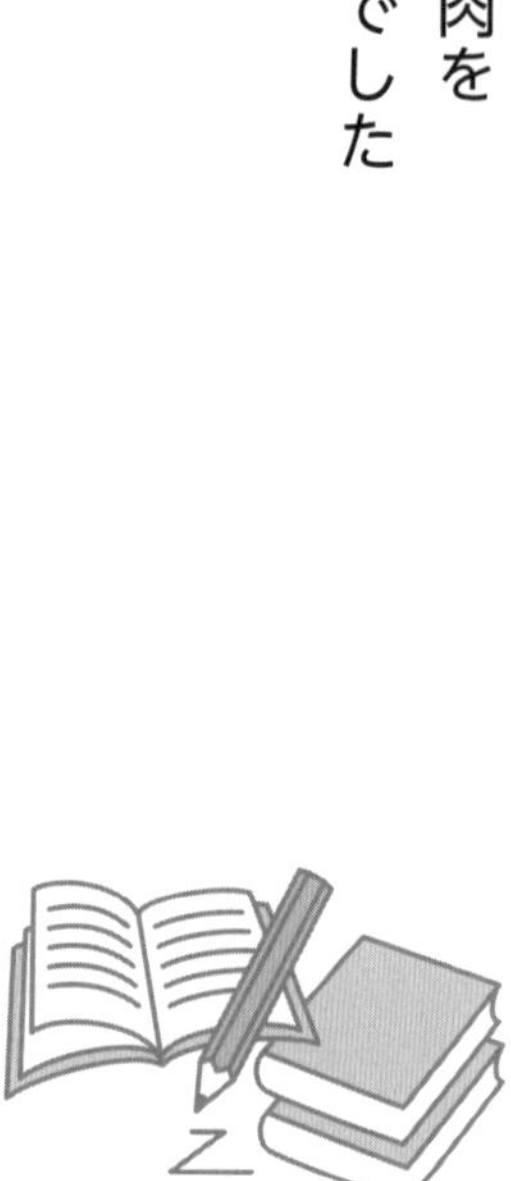

◇言葉の語源・解説

「すき焼き」の語源にはふたつの説があります。

ひとつは、江戸時代に発行された料理本の中に、農具の鋤の上で牛肉を焼いたことに由来しているという説です。もうひとつは、すき焼きをするときには牛肉を薄くすきますが、その薄くした肉のことを「剥《す》き肉」と呼び、それを焼く料理なのですき焼きと呼ぶようになったという説です。おそらく後者の説のほうが正しいのではないかと考えられます。

江戸時代には、牛肉を食べる慣習がありませんでした。しかし幕末、牛肉は一八五四年頃の大坂、一八六五年頃の横浜あたりで食べられるようになりました。その横浜で居酒屋を経営していたある店主が、牛肉をお客に提供しようと考えたところ、店主の妻が大反対し、店を半分に割ってしまいました。つまり主人のほうの店では牛肉を提供し、妻のほうの店では牛肉を提供しないスタイルとなったのです。もの珍しさからか、主人のほうの店には多くのお客が来店するようになったという話があります。

一八七二（明治五）年、明治天皇が牛肉を食したことがきっかけとなり、多くの人々が牛肉を食べるようになり、今に至っています。すき焼きっておいしいですよね。

歯並びが悪いので歯を隠すように
するしぐさが「はにかむ」の語源です

はにかむ

▼「はにかむ」を漢字で書いてみると
もともとはどんな意味があったかを
理解することができます。

◇言葉の語源・解説

「はにかむ」は漢字では「齵む」と書きます。「はにかむ」というと、女性が恥ずかしそうにするさまなどを指すときに使いますが、漢字の字源を調べていくと、もともとは違う意味で使われていたことがわかります。

「齵」の「禺」の部分はふたつ以上あるということを示しています。へんは「歯」ですから、「齵」は歯が重なって生えている容姿を示している漢字です。すなわち「齵」は歯が重なっている状態、つまり歯並びが悪いことを意味しています。歯並びが悪いと恥ずかしいと感じる人が多いものです。

するとどうでしょうか。人と話すときについ、自分の歯を隠してしまいたくなりがちです。その姿が「はにかむ」だったのです。ですから「はにかむ」は「歯」でなにかを「噛む」という意味ではないのです。

恥ずかしそうにするさまを、どうして「はにかむ」というのか、はにかむを漢字で書くと、その意味がわかってきます。

ずぼら

「米相場」と「坊主の修行」が関係しているという説があります

▼「ずぼら」は相場の専門用語を指す意味と坊主が怠惰《たいだ》な生活を送る様子を指す意味というふたつの語源があります。

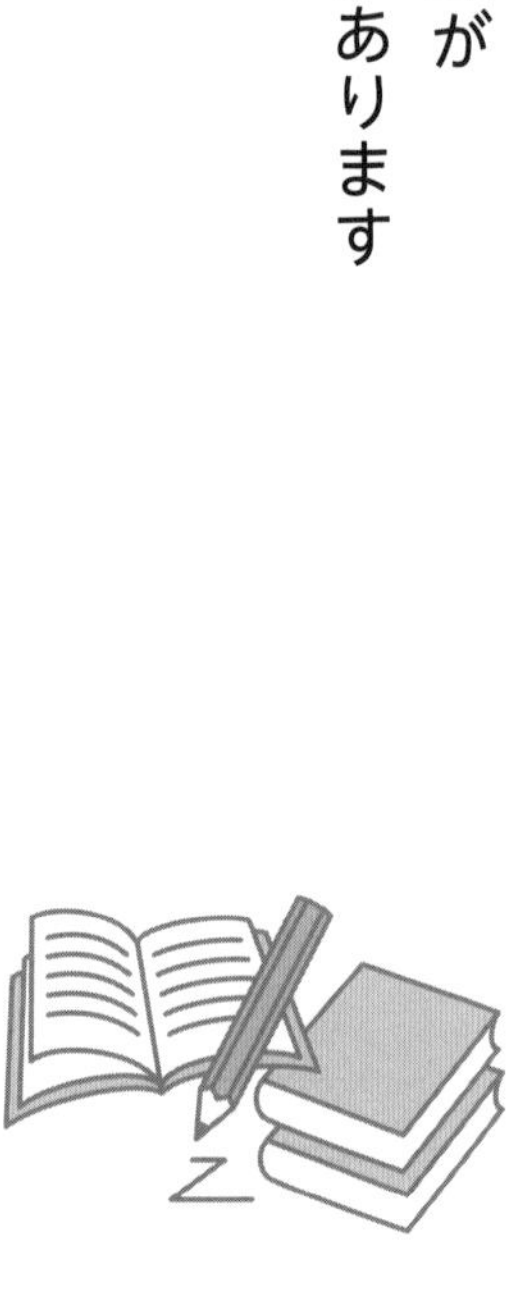

◇言葉の語源・解説

やるべきことがあるのに疎《おろそ》かにしてしまう、だらしない様子を指すことを「ずぼら」と言います。「ず」のような濁音で始まる言葉の多くは、あまりいい意味で使われないものです。たとえば、「ごみ」「ブス」「ばか」のようなものがあげられるでしょう。

さて「ずぼら」ですが、語源がふたつあります。

ひとつは米相場の専門用語が語源であるという説です。一八〇〇年頃、米相場の専門用語で「ずぼら」とは、〝するする落ちること〟という意味で使われていたそうです。米の相場価格がどんどん下がる様子を「ずぼら」と言う説です。

ふたつめの説は、坊主がなまけている様子を指しているというのが語源であるという説です。「ずぼら」とはもともとは「ずぼう」で、お坊さん、すなわち坊主と関係があるというのです。

坊主が修行をなまけ、だらしない生活を送っている様子を「ずぼう」と呼んでいました。「ぼう・ず＝坊主」をひっくり返して「ず・ぼう」となったと言われています。「ずぼう」は時間とともに「ずぼら」と変化したのです。つまり「ずぼら」とは坊主が修行をしないで怠惰な生活を送っている様子を表しているのです。

おめおめ

表に出てくることができないという様子を指すのが本来の意味です

▼今では、恥を感じることなく平然とした態度であるというように、本来の意味とは逆の意味を指す言葉として使われています。

◇言葉の語源・解説

時代劇などを見ていると、「よく、おめおめと俺の前に姿を現すことができたな」などというように「おめおめ」という言葉を耳にします。「おめおめ」とは、恥を感じることなく、平然とした態度でやってくるというような様子を指す言葉として使われます。

「おめおめ」という言葉の本来の意味には、恥として感じるようなものがあり、勇気がなく、恥ずかしいという気持ちが強く、恥をそそぐこと（かくこと）ができない様子を指す言葉でした。「物事に怖《お》じる」という言葉があります。人や物に対して怖がることですが、この「怖じる」という言葉が「怖《お》めしい」となり、さらに強調する意味として「怖め怖め」という言葉になりました。

本来の意味では「おめおめ」とは、怖がって、怖がって恥をかくことができない、すなわち表に出てくることができないという意味があるのですが、時間とともに逆の意味合い、恥を感じないで平然と人前に出てくるという意味で「おめおめ」という言葉が使われるようになりました。

「おめおめとしている」は、「表に出てくることができない」ということを指すのが本来の意味だったのです。

「耳ざわりがいい」という
言い方は間違いです

耳ざわり

▼感じの良いときには「耳あたり」がいい、
悪い感じのときには「耳ざわり」がする
というように使い分けましょう。

◇言葉の語源・解説

先日、街を歩いていましたら「耳ざわりがいい」という言い回しを耳にしました。「耳ざわりがいい」という言い方は間違いです。「耳ざわり」の「ざわり」は漢字では「障り」と書きます。「障害」とか「障壁《しょうへき》」に使う漢字です。「耳ざわり」とは「耳に障り」と耳によくないことを示しているのです。

「障」の「章」は「しょう」という発音の音だけを表し、漢字としての意味は特にありません。「阝（こざとへん）」は土をたくさん盛って壁を作っていることを表しており、「耳ざわり」とは耳のところになにか壁があり、聞こえずらい、あるいは聞いていてあまりいい気持がしない様子を指しているのです。「目ざわり」という言葉も同じように、目のあたりになにが壁があり、あまりいい気持ちがしない様子を言います。

「耳ざわり」は「あの人の声は耳ざわりだね」「あの工事の音は耳ざわりだね」というように使うのが正しい言い方なのです。

それでは、聞いていて心地いい状態のときはどう言うのでしょうか。「耳あたりがいい」という言い方をします。聞いていて良い感じがするときには「耳あたり」がいい、悪い感じがするときには「耳ざわり」がするというように覚えておくといいでしょう。

物語などの一番最初の部分は
「さわり」とは言いません

さわり

▼一番盛り上がった部分を指すのが
「さわり」です。音楽でたとえるなら
サビの部分を言います。

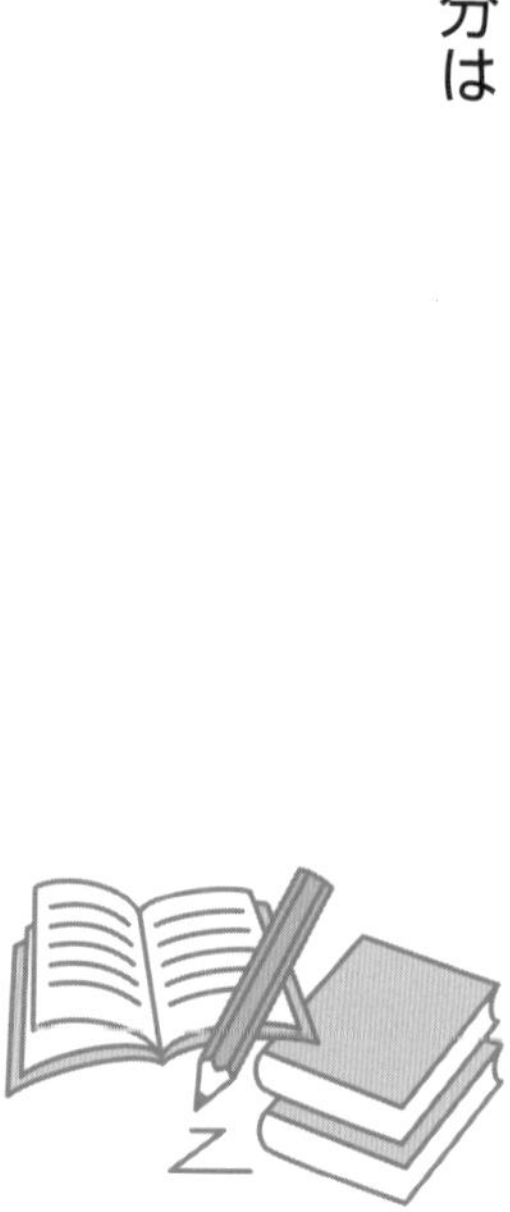

◇言葉の語源・解説

「曲のさわりを歌ってください」と言われると、多くの人が曲のはじめの部分を歌ってくれます。でも「曲のさわり」とは、曲のはじめの部分ではなく、一番盛り上がる、サビの部分を指すのです。

「さわり」とは漢字で書くと「触り」となり、もともとは、江戸時代前期、大坂の竹本義《たけもとぎ》太夫《だゆう》がはじめた浄瑠璃のひとつである義太夫節に由来し、一番感動的な部分を指します。すなわち義太夫の琴線に触れる部分を指すのが「さわり」の語源だったのです。

「あなたの話はまわりくどいね。話のさわりの部分を話してよ」と言います。すなわち、話の中で一番重要な部分を指すのが「さわりの部分」なのです。

「さわり」を「障り」とも書きますが、この場合は人の心を妨げるもの、嫌なことを意味します。しかし「曲のさわり」という場合の「さわり」は「触り」と書き、人の心の琴線にふれるような感動的な部分、一番盛り上がるサビの部分を指す言葉なのです。

「物語のさわりの部分」も「曲のさわりの部分」と同じように、物語の一番盛り上がりの部分、重要な部分を言います。

相手の気持ちをわざと
不愉快にさせる意味です

ケチをつける

▼金品を出し惜しみしたり、小さなことに
こだわって文句を言ったり、「ケチ」は
みっともない様子を表しています。

◇言葉の語源・解説

「ケチをつける」とは、人に文句や嫌がらせを言ったり、人の気分を害するようなことを言うときに使います。「ケチをつける」の「ケチ」は、漢字では「怪事」と書きます。すなわち「怪事」とは、相手の気持ちをわざと不愉快にさせる、「不吉なこと・不祥《ふしょう》なこと」を表すのです。「難癖をつける」という言い方がありますが、「ケチをつける」とは、それと同じような意味です。

他に、「ケチ」という言葉は、金品を出し惜しみするような、セコいことを指す場合でも使われます。

また、どうでもいいようなことをグチグチと、いつまでもこだわっているようなときにも「あの人はケチだね」と言ったりします。

つまり「怪事」は金品を出し惜しみするようなみっともない様子、さらには小さなことにこだわり、いつまでもグチグチとひとりで文句を言い続けるような、みっともない様子を表しているのです。どちらも見ていて気持ちのいいものではありません。

「ケチをつける」、すわなち人から見て、あまり恰好の良くないことは、するものではありませんね。

首ったけ

「首ったけ」とはもともとは
「首丈」と書いていました

▼どっぷりとつかっているという意味から「首ったけ」は相手に惚れている様子を指す言葉となりました。

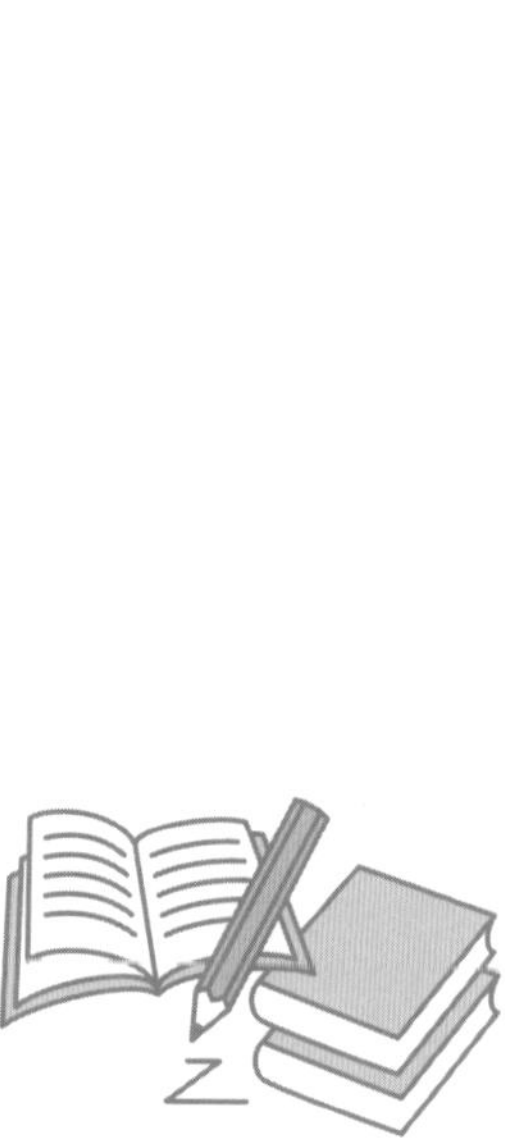

◇言葉の語源・解説

好意を寄せている意中の人がいるとき、「わたしはあの人に首ったけ」というような表現をします。「首ったけ」は「ほれている」という意味で使います。

「首ったけ」とはもともとは「首丈」と書いていました。「丈」とは長さのことです。「首丈」とは足の先から首まで、すなわち身体全体の長さを指します。

「どっぷりとつかっている」という意味から、「あの人に首ったけ」と言うと「すごくほれている」という意味となったのです。

「ほれる」とは漢字では「惚れる」と書きます。

「惚」の「匆」の部分は「なし」という意味があります。漢文では「匆《なか》れ」などと言います。「匆」の下に「心」と書いてあり、「忄（りっしんべん）」も心を意味しますので、「どうしようもないほどに心がない」という意味を指すのが「惚」という漢字なのです。

すなわち自分の心がすべて、相手にもっていかれてしまうことを表すのが「惚」なのです。我を忘れて「首ったけ」になってしまいますと、自分自身の心がコントロールできなくなってしまいますね。

「すごい楽しかった」は
文法的には間違いです

すごい楽しかった

▼本来は間違った言い回しでも
多くの人たちが使い続けていくと
違和感のない言葉になります。

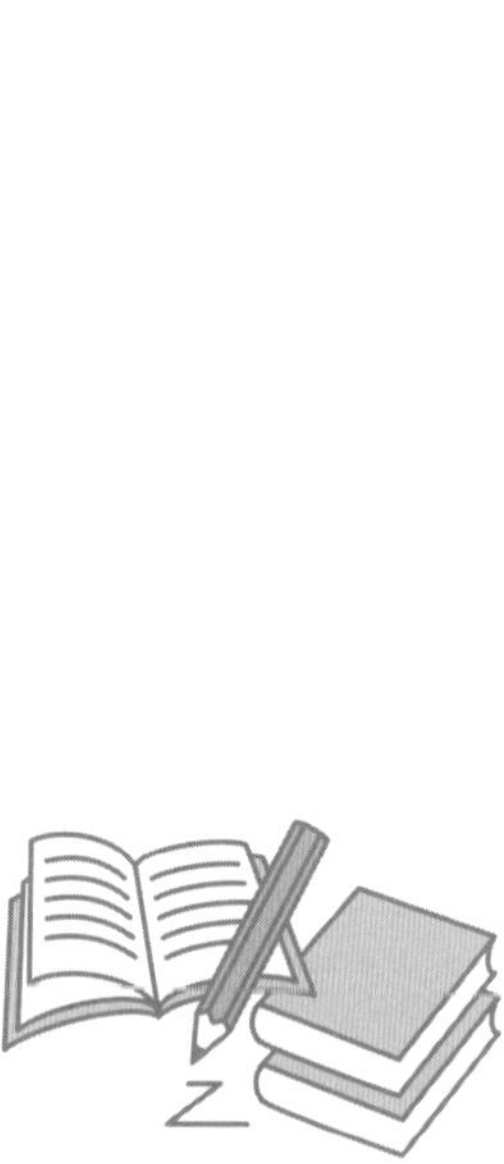

◇言葉の語源・解説

ディズニーランド、ユニバーサル・スタジオなどに行ったとき、「すごく楽しかった」ではなく「すごい楽しかった」という言い方をする人がいます。この表現方法は、文法的には間違っています。「すごい」という形容詞は名詞にしかつきません。

しかし、二〇〇四（平成十六）年の文化庁の調査によると、当時十六歳から十九歳の若者の約70％の人たちが「すごい楽しかった」という言い回しに違和感を感じないと答えています。

おそらく現在では90％以上の人たちが「すごい楽しかった」に対しては違和感をもたずに使っているのではないかと思われます。

文法的には間違っていますが、「すごい楽しかった」や「すごい暑かった」の「すごい」は、「楽しさ」や「暑さ」の度合いを強調する言葉として使われ、非常に効果的なのです。

感覚的には「すごく楽しかった」より「すごい楽しかった」のほうが、より楽しさを強調している表現として用いられるようになったのでした。

文法は絶対的なものではありません。文法から外れている表現方法も面白い言葉の使い方なのかもしれません。

ちょっと語彙
Column 1

同音異義語「あける」「開」「明」「空」の使い分け

日本語には同音異義語がたくさんあります。ですから漢字が重要な役割を担うことになるのです。「あける」という言葉がそのいい例でしょう。

「窓を開ける」「夜が明ける」「家を空ける」というように、すべて「あける」です。漢字で書くと意味を区別することができます。

「開」の門は両手で閂《かんぬき》を抜くことを意味しています。つまり「開」は動かすことによって「あける」ときに使います。「明」は何かの期間が終わってしまうときに使います。「夜が明ける」とは、夜という期間が終わったので「明ける」を使うのです。「空」は引っ越しなどで家の中の家財道具をすべて運び出し、空気だけにしてしまう、すなわちからっぽにしてしまうときに使います。

文章を書いているとき、「開」「明」「空」のどの漢字の「あける」で使えばいいか迷ったら、手を動かすのか、期間が終了する場合か、からっぽにするのかを考えると、どの漢字を使えばいいかわかります。

第2章

漢字の意味がわかると語彙がわかる

司馬遷《しばせん》が宮刑に処されるときに
言い放った言葉です

九牛一毛《きゅうぎゅうのいちもう》

▼取るに足りない、あってもなくても、どうでもいいようなものを指しています。

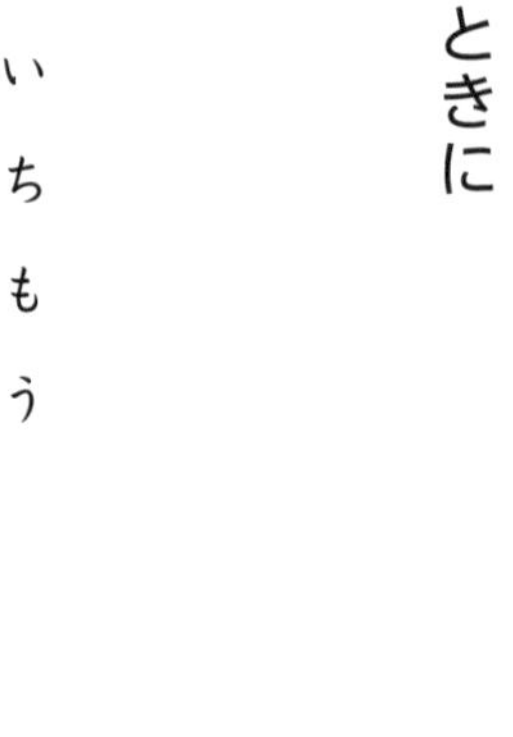

◇言葉の語源・解説

「九牛《きゅうぎゅう》」、九頭の牛には何本の毛が生えているでしょうか。数えきれないほどの毛が生えています。「一毛」とはその中の一本という意味です。

一本の毛が抜けても、牛にとっては痛くも痒くもありません。ですから〝取るに足りないもの、あってもなくてもいいようなもの〟というような意味を「九牛一毛」は指すのです。「九」という漢字は、中国の古典では〝たくさん〟という意味を表します。

同じように「三」も〝たくさん〟という意味を表します。「三」の一番上の「一」は天を表し、下の「一」は地を表しています。真ん中の「一」は人を表し、「三」という漢字は「天・人・地」で宇宙全体という意味になります。ここから「三」は〝たくさん〟ということを表すようになったのです。「九」は「三」の三倍です。さらにたくさんのものがあるということになります。

紀元前一〇〇年頃の前漢時代の歴史家、司馬遷は刑に処せられる時、私が死んでも世の中が変わるわけではない。たいしたことはありませんという意味で「私の命など〝九牛一毛〟でございます」と言ったと伝えられています。

英才教育の「英」はもともとは
「頴」と書いていました

英才教育

▼英才教育の本来の意味は
強制しながら才能を見いだす
ことを意味しています。

◇言葉の語源・解説

「えいさい教育」の「えいさい」を漢字でどう書きますか？　たぶん多くの人が「英才教育」と書くのではないでしょうか。ですが、一九五六（昭和三一）年までは「頴才教育」と書くのが正しい書き方だったのです。「頴」も「えい」と発音します。一九五六（昭和三一）年七月五日、国語審議会は同音漢字の漢字の書き替えを実施しました。画数の少ない漢字を採用するようになり、「頴才教育」は「英才教育」と書かれるようになったのです。「頴」と「英」は音は同じですが、漢字の意味はどうでしょうか。

「英才教育」の「英」の「央」の部分は、大の字になった人を抑え込んでいる様子を表しています。「英」という字は、人の首根っこを押さえつけて強要するという意味なのです。つまり「英才教育」とは、人を強要しながら才能を見いだす教育という意味になってしまいます。

「頴才教育」の「頴」の字は、稲の穂が大きく伸びている様子を示しており、人よりすぐれていることを意味しています。つまり「頴才教育」とは、「人よりすぐれている才能を育てるようにする教育」ということを指します。才能を伸ばすという現在の意味合いをもつのは「英才教育」ではなく「頴才教育」だったのです。

「生」の字には自発的に
生まれてくるという意味があります

生産

▼「産」という字には「整っている」
という意味があり、出産と
大きな関係があります。

◇言葉の語源・解説

「生産が追いつかない」というように使われる「生産」。この熟語にはふたつの「生」という漢字が見えます。

「生」という字は、土があり、その上に葉が生えてくるということを示しています。すなわち自発的に生まれてくることを表している漢字です。

「産」は、自発的に生まれてくることを意味する「生」の上の部分に「产」があります。「产」は「彦」「顔」という字にも使われますが、「形が整っている」ということを表します。たとえば「彦」という字はイケメン、格好がいいことを指している漢字なのです。

それでは「産」は何が整っているのでしょうか。赤ちゃんが生まれる直前、母親のおなかは大きくなっています。そして赤ちゃんが生まれると、母親のおなかは小さくなり、もとの形、すなわち整ったおなかの状態に戻ります。「産」の字は、出産のときのお母さんのおなかの状態と関係があるのです。つまり「生産」は、自発的に生まれてくる意味をもつ「生」と、「それを生み出そう」という意味をもつ「産」という字が合わさった言葉なのです。生む側と生まれる側の両方の意思があって、すべてのものはこの世に現れるのかもしれませんね。

一五〇〇年頃から使われている
言葉です

無用

▼「役立たず」という意味の他に
「禁止」という意味があります。

◇言葉の語源・解説

宅配便などで荷物が届くと、「天地無用」という赤いシールが貼られていることがあります。「天地無用」なので、どちらを上にしても下にしても大丈夫という意味と勘違いしている人がいますが、本来は、「上下を逆にしてはいけない」という意味です。どうして「天地無用」がそのような意味になったのでしょうか。本来は「天地無用」は「天地入替無用」と書かなければなりません。これなら、天地を入れ替えてはいけないというメッセージを受け取ることは容易です。

この「無用」は「役立たず」という意味ではなく、「禁止」すなわち「してはいけない」という意味で使われている言葉です。「天地無用」とは天地、すなわち上下を入れ替え、逆にするのは禁止、ダメですよということなのです。同じ言葉が使われているものに、「問答無用」「他言無用」などがあります。あれこれ言い訳などをする「問答」、他の人に話す「他言」、これらをすることがいけませんよという意味となります。

「無用」はこのように「役立たず」の他に「禁止」という意味があるのです。

ただもうひとつ「無用の物」という言い方もあります。これは「いらないもの」となります。廃品回収行きのものですね。

「波」より大きな波を
指すのが「濤」です

狂《きょう》濤《とう》

▼「波乱」とはなにかが乱れている状態を指しますが、さらに乱れている状態を表すのが「狂濤」です。

◇言葉の語源・解説

「大きく荒れ狂う波」という意味を表す熟語に「狂濤」があります。類語に「波乱」がありますが、「波乱」がさらに激しくなった状態を表すのが「狂濤」です。すなわち「波」が「濤」の状態に変化し、「乱」が「狂」の状態に変化したものだと言ってもいいでしょう。

「狂」という漢字の「犭（けものへん）」は犬を表しています。右側の「王」は斧を表しており、「次々と相手をなぎ倒していく」という意味があります。つまり「狂」とは敵を蹴散らしていくという様子を指す漢字なのです。

「濤」の「壽」の部分は略して「寿」とも書きますが、もともと「壽」という字は長く祝詞《のりと》を唱える、すなわち長く声を出していくという意味があります。「壽」の中に「エ」「ロ」「寸」があります。「尋ねる」という漢字の「尋」の中にも「エ」「ロ」「寸」が含まれますが、これは「長く声や音を出す」という意味があります。

「波」は海面の上のほうを指すのに対し、「濤」は海底深くから長い周波で起こる、波より大きなもので、大きな音のするものを指しているのです。

「大通」と「大通り」は似ていますが読み方が異なります

大《だい》通《つう》

▼「その道に通じている」と「その道に詳しくない」という正反対のふたつの意味がある不思議な言葉です。

◇言葉の語源・解説

「大通」という言葉に「り」をつけると「大通り」となり「おおどおり」と読みます。しかし「り」をつけずに「大通」でしたら「だいつう」と読みます。

「大通」には「その道に通じている人」と「物にこだわらない」というふたつの意味があります。「その道に通じている」とは、その道に詳しいことを意味し、「物にこだわらない」とは、その道に詳しくないことを意味しています。すなわち、同じ言葉なのに、正反対の意味があるのが「大通」なのです。

江戸時代には遊郭《ゆうかく》という場所がありました。このような場所ではしっかりとした規則やしきたりのようなものが存在しています。遊郭の規則やしきたりを知り、そこへ行く人を「大いにその道に通じている人」という意味で「大通」という言葉は使われました。

ちょっとだけ通じている人という意味で「小通」や、まあまあ通じている人という意味で「中通」という言葉もありそうですが、「中通」という言葉はありません。今ではあまり耳にする機会が少なくなってしまった「大通」ですが、日常生活で目にする「大通り」とはまったく違った意味があるのです。専門分野に深く通じている人を「大通」と呼んで使うといいのではないかと思います。

いい意味と悪い意味の
ふたつの意味があります

端《たん》座《ざ》

▼座っている状態を表していますが、前後の文章の関係から真逆の意味になる場合があります。

◇言葉の語源・解説

「端座」も「大通」と同じように、いい意味で使われる場合と悪い意味で使われる、ふたつの正反対の意味があります。それは前後の文脈によって決まります。

まず、いい意味で使われる場合です。「端座」の「端」は綺麗な顔立ちをしてる様を表す「端正」という言葉でも使います。この場合の「端」は正しいという意味で使われています。すなわち「端座」とは正しく座っていること、きちんとした姿勢で座っている様子、「お坊さんが端座している」などと使います。「端」は「はし」とも読みますが、もともとは布の両端を合わせたとき、きちんと折られている状態を表しています。ですから、しっかりと正しい姿勢で座っているという意味になるのです。

では、悪い意味ではどのように使われるのでしょうか。「はし」は「真ん中」と比較すると、ぞんざいであるという意味もあります。これだと「端座」とはぞんざいに座っている様子を指します。「おじいさんはぼんやり端座している」と言えば、足を投げ出したような、少々だらしないような恰好で座っているということになります。同じ「座る」様子を指す言葉でも、前後の文脈によって座っている様子が、正反対の意味を表す不思議な言葉です。

親猿が奪われた子どもを
取り返そうとしたのが語源です

断《だん》腸《ちょう》

▼「断腸の思い」はもともとは
中国の書物ではじめて登場した
言葉です。

◇言葉の語源・解説

「断腸の思い」という政治家の常套句《じょうとうく》があります。これは、中国の古典、『世説新語《せせつしんご》』（四五〇年頃）に使われています。

あるとき、桓温《かんおん》（三五〇年頃）という武将の従者が子どもの猿を捕まえました。ところが、親猿はその子どもを求めて約二〇〇キロ以上も追いかけ続け、ついに子どもを取り返そうと、桓温とその従者が乗っていた船に飛び乗ったのです。しかし不運にも飛び乗ったときには、その親猿は死んでしまいました。

死んでしまった親猿のおなかを割いてみたところ、腸がズタズタの状態になっていたのだそうです。親猿は、はらわたがちぎれるほどの思いで子どもを取り返そうとしたのです。こうして、はらわたがちぎれるような悲しさを指す言葉が「断腸」となったのです。『世説新語』は奈良時代から平安時代にかけ、日本でも読まれた書物です。万葉集にも「断腸」という言葉は使われています。日本でも「はらわたがちぎれてしまうくらい悲しい思い」という意味で使われるようになったのです。「断腸」の「断」は斧で糸のような長いようなものを、ズタズタに切り裂くという意味です。

かつて味噌はそれぞれの
家で作っていました

手《て》前《まえ》味《み》噌《そ》

▼味噌のでき栄えを他の人に
自慢するのが「手前味噌」の
語源です。

◇言葉の語源・解説

自分を自慢したり誉めたりすることを「手前味噌」と言います。「手前」は、「おまえ」という意味がありますが、「手前ども」となると「自分たち」という意味になります。「手前」だけでなく「ぼく」など、日本語には「自分」と「相手」を混同して使う言葉がいくつかあります。

さて、「手前味噌」の場合の「手前」には「自家製」という意味があります。そして自分の家で作った味噌のことを「手前味噌」と言います。もともと味噌は、〝味噌買う家には蔵立たぬ〟ということわざがあったように、自分の家で作るものでした。自分自身が工夫して味噌を作り「私の作った味噌は美味しいでしょ」と自慢することから、「手前味噌」とは人に自慢するという意味となったのです。

ところで、「味噌」の「噌」には、人々が色々なことを言うという意味があります。人々が自分の家で作った「みそ」をお互い食べ、味比べして、色々と意見を言い合ったことから「みそ」を「味噌」と書くようになったとも言います。また、「味噌」は「未醤」とも書きます。「未醤」の「醤」は醤油《しょうゆ》のことを指します。醤油はみそから作られます。ですから、未だ醤油になっていないもの、すなわち「みそ」のことを「未醤」と書いたのです。

これをしなければ、あれもしなければ
という心の状態を表しています

緊急

▼現在なにが起きているのか
自分の目でしっかりと追い続け、
どうすればいいか迷っている状態です。

◇言葉の語源・解説

「緊」という漢字に見える「臤」を含んでいる漢字に「賢」や「堅」があります。「臣」は「目でしっかりと物事を見張る」という意味があり、「又」は手を表し、「する」や「させる」という意味をもっています。「貝」には「貴い人」という意味がありますので、「賢」は「目を見開きなにかを見つめ、どうするのが良いのかを判断できる人」となります。すなわち「臤」は「身を引き締めて、物事を見る力がある」ということを表しているのです。

さて、「緊」は「臤」の下に「糸」と書かれています。糸で縛ったように動かないような状態で物事を見ていく様子を指し、「堅」も同様に「土で固められたように動かない状態で物事を見る」という意味になります。つまり「緊」は差し迫った実状をしっかりと見極め、どうすればいいか迷っている様子を表しています。

「急」の「刍」の部分は「及」という字が変化したものです。「及」とはなにかに追いつこうとしていることです。「急」には「心」がありますので、追いつこうとせかせかしている心の状態、すなわち「これをしなければ、あれもしなければ」という様子を表しています。ですから、「緊急」とは、現在なにが起きているのか自分の目でしっかりと追い続け、どうすれば良いのか迷っている心の状態が続いていることを指しているのです。

明治時代になってから登場した
まだ新しい言葉です

課金

▼「はかる」という意味と「割り当てる」という意味があります。

◇言葉の語源・解説

「課金」とはチャージのことです。明治時代になって作られた言葉です。「課金」の「課」には「果物」や「成果」と同じ「果」が使われています。「課」の「果」は「結果」、「言」はそれを「評価して言う」という意味があるのです。

たとえば携帯電話では、通話時間によって料金が変わるコースがあります。携帯電話の利用者が通話した時間に対していくらお金を支払うべきか、電話会社は「通話時間に応じて課金する」と「課金」という言葉を使います。すなわち通話時間という結果に対し、料金をはかっているということになります。その他に「課」という漢字には、割り当てるという意味があります。大学で学校の先生になるための勉強をするときには、「教職課程」がありますが、「教職課程」の「課程」とは、段階的に順序を追って授業を割り当てて学んでいくという意味があります。

つまり「課金」の「課」という漢字には「はかる」という意味と「割り当てる」という、ふたつの意味があるのです。前述のように「課金」という言葉は明治時代になって登場したのですが、当時はあまり使われていませんでした。しかしスマホなどの登場で、今では多くの人たちが使う言葉になっています。

箸はもともとは竹から作られていました

箸《はし》

▼「箸」という漢字の中にある「者」には到着させるという意味があります。

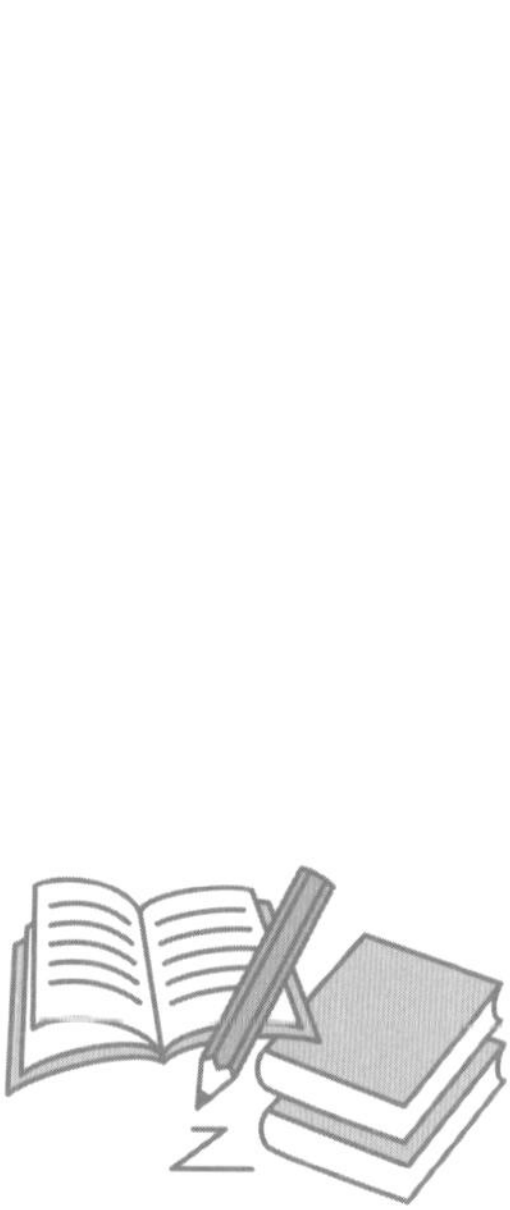

◇言葉の語源・解説

「箸」という漢字は「竹（たけかんむり）」と「者」という字から成り立っています。「たけかんむり」から、箸の素材はもともとは「竹」であることがわかります。これがもし木でしたら和紙の原料となる植物、「楮（こうぞ）」となりますね。

どうして「箸」という漢字には「者」があるのでしょうか。似ている漢字に著作物の「著」があります。「箸」も「著」と同様に「チョ」とも読みます。「著」や「箸」の字にある「者」の部分はもともとは「着」の略字なのです。

私たちは「箸」を使い、食べ物を集めて口に運びます。食べ物を最終目的地である口に到着させています。

同じように、なにか思いついたことがあり、その想いを文字で表現する、すなわち紙などに字を書くことにより、考えを到着させるという意味があるのが「著」という漢字です。つまり「箸」や「著」には到着させるという意味があるのです。

余談ですが「箸」という漢字には「者」の横に小さな点（丶）を書くものと書かないものが混在しています。

平安時代に書かれた『蜻蛉《かげろう》日記』にも出てきます

生憎《あいにく》

▼うまく言い表せないようなモヤモヤした嫌な気持ちが心の中にある状態です。

◇言葉の語源・解説

「今日は生憎、雨で外出することができなかった」というような言い方で使う「生憎」にはどんな意味があるのでしょうか。

もともと「生憎」は「あやにくし」という言葉が変化したものです。平安時代、九七四年頃に藤原道綱《ふじわらのみちつな》の母が著した『蜻蛉日記《かげろうにっき》』にも出てきます。「あやにくし」の「あや」は感動詞で、現代の言葉でたとえるなら「あ～」に該当します。つまり「あやにくし」とは、本当に憎たらしいという意味となるのです。時代の流れとともに「あやにくし」の「や」が「い」に変化し、さらに「し」が消え「あいにく」となりました。「あい」ということを「生」と書きますが、これは当て字です（「愛」と書く場合もあります）。

「憎」という漢字には「忄（りっしんべん）」がありますから、「憎」とは心の状態を表しています。鍋にたくさん水を入れておき、下から火をかけると蒸気が出てきます。その蒸気がたまっていくと、水蒸気でモヤモヤしている状態になります。その様子を表しているのが「曽」という字なのです。「憎」とは色々な嫌な思いが重なり合っている様子を表している漢字です。つまり「あいにく」とは、嫌な気持ちがモヤモヤと心の中にある状態を表している言葉なのです。

旧字体では「纍」と書きます

累計

▼「累」や「計」という字には小さなものをまとめるという意味があります。

◇言葉の語源・解説

「新型コロナウイルス感染者数の累計は〇×人となりました」というように「累計」という言葉を使いますが、「累計」にはもともとどんな意味があるのでしょうか。

「累計」の「累」ですが、旧字体では「纍」と書きます。現在は「田」はひとつですが、旧字体では「田」はみっつ書かれていたのです。これはたくさんの物がいくつも糸でつながっている様子を表しています。つまり「累」とは、小さなものを束ねるという意味になるのです。ひとつひとつ小さいものをすべてまとめていることを表します。

「計」の字は、右側に「十」と書かれています。「十」には、まとめるという意味があります。小学校四年生で習う漢字に「協」がありますが、「協」には「力」がみっつ書かれています。左側には「十」です。つまり、小さな力をまとめるという意味があるのが「協」なのです。ですから「計」という字も「それぞれをまとめて言う」ということを表します。このように、「累計」の「累」も「計」そして「協」も、小さなものをまとめるという意味があるのです。

ちなみに「累計」の「累」は常用漢字なので小学校では習いません。「計」は小学校二年生で習います。

きちんとした発音を指すのが
「言」の本来の意味です

宣言

▼対象となる人たちに向かい
ハッキリとわかりやすい口調で
話をすることを表しています。

◇言葉の語源・解説

「宣言」の「宣」は「うかんむり」に「亘」と書きます。「亘」は、ある場所を区切り、その区切った場所を取り囲んでいる様子を意味してます。すなわち「あまねく、まんべんなく行きわたる」という意味になります。つまり「宣」は、ある区切った場所をすべてまとめるということを表しているのです。

「言」には、ナイフで切ったようにハッキリと話すという意味があります。日本語の場合では、「あ」「い」「う」「え」「お」というように、きちんと発音をしていくことを表しているのが「言」という漢字の本来の意味なのです。

つまり「宣言」とは、ある特定の土地（場所）、すなわち区切られた場所を対象とし、その土地に住んでいる人たちに向けて、ハッキリとした口調で「誰もが理解できるような内容で話をする」ということを表している言葉なのです。

「わたしはタバコをこれから吸いません」「これ以上お酒は飲みません」と言うような場合、たいていは、家族や同僚などの誰かに対して約束をしています。つまり家族や同僚という区切られた人に対して、きちんとした言葉で話しているので、「わたしはタバコをこれから吸いません」「これ以上お酒は飲みません」は「宣言」なのです。

恐怖で足がすくんで
動けない状態です

危機

▼この先どうなるか予測がつかない状況になり、さらに悪化するのではと追い込まれている様子を指します。

◇言葉の語源・解説

「危機」の「危」の「⺈」は、人が崖の上に立っている様子を示しています。「厂」が「崖」です。「㔾」は、人がしゃがんでいる様子を示しています。「危」という漢字は、人が高い崖の上に立ち、あと一歩進んだら落ちるかもしれない、そんな恐怖ですくんでいる様子を示しているのです。

漢字からそんな姿が見えますか？　「危機」とは、今にも落ちてしまいそうな状態を表します。「機」は、木でできた、数多くの細かい部品が動くことを意味します。しかけが施されており、人間では考えられないような動きをし、そのしかけの先でなにかが起きる状態を指すのが「機」という漢字なのです。

「危機的状況」「危機感」というような言葉で「危機」は使われますが、「危機」とは細かい要素がたくさん重なって、予測もつかない状況に陥り、これ以上進むと最悪なことになってしまうところまで、追い詰められていることを示しているのです。

「人生の危機」「結婚生活の危機」……つい、そんな言葉を思い出してしまいます。ちなみに「危機」という漢字の「危」は小学校六年生、「機」は小学校四年生で習います。画数の多い漢字を先に習うのですね。

「京」は高い建物
を意味します

影響

▼ひとつのことが原因となり
次から次へと様々なことが
起こることを表しています。

◇言葉の語源・解説

「影」の「京」は、高い建物を示しています。高い建物の上に「日」、すなわち太陽があるのですから、当然高い建物には「かげ」ができます。その「かげ」を表すのが「影」の右の部分である「彡」なのです。「影」とは、高い建物に太陽が当たることによって「かげ」ができている様子を表しているのです。

「響」の上の部分の「郷」は、谷間などを介して村と村が向かい合っている様子を示しています。そして「音」と書かれていますので、村と村に住む人々が向かい合い、話をしている様子を表しています。

「影」は、太陽が高いところに当たるとすぐに「かげ」ができる関係、「響」は、向かい合った村人たちが声をかけると、密接に結びついたようにすぐに答えてくれる関係、つまり「影」も「響」もすみやかに反応することを意味しますので、「影響」は、ひとつのことが起きるとすぐにそれが原因でなにかが起こる、そしてさらに何かが反応していく、お互いが密接に結びついて動いていくことを表しているのです。

「風が吹けば桶屋《おけや》が儲かる」ということわざが意味するように、「影響」とは、ひとつのことが起きると、それに連動して他のことが起きていくことを指します。

「継」という字の意味を知ると
「継母」の意味が理解できます

継母《ままはは》

▼いったんは父親と母親が
別れてしまった状態をもう一度
戻すという意味があります。

◇言葉の語源・解説

「継母」は漢文では「けいぼ」と読みますが、日本語では「ままはは」と読みます。「継母」とは、父が再婚をした母親を指します。

つまり血のつながっていない母親のことを「継母」と言うのです。江戸時代では「妏」や「嫩」という似非《えせ》漢字を作って「ままはは」と読んでいました。

余談ですが、「男＋女＋男」、すなわち「嬲」と書くと「なぶる」と読みます。「継」の「㡭」の部分と同じ部分を含む漢字に「断」があります。「㡭」はバラバラに切られた状態を表しています。

「断」には「斤」がありますので、斧のようなものでバラバラにする、切るという意味です。「継」には「糸」がありますので、断ち切られたバラバラになったものを、糸でつなぎ合わすという意味があります。ですから、本当の母親が亡くなり（離婚の場合もあり）、父親と母親との関係が切れ、その後にもう一度、その関係をつなぐために結婚をし、母親になった人を「継」は指すのです。「㡭」の意味がわかれば「継母」という字の意味もわかってきますね。

占いをするということが「卜」という字の語源です

訃《ふ》報《ほう》

▼「たおれる」は「仆れる」と書きます。この場合の「卜」は、元気だった人がたおれてしまうことを意味しています。

◇言葉の語源・解説

「訃」は「人が亡くなってしまったことを告げる」という意味の漢字です。

「卜」は占いを表しています（１６８頁参照）。亀の甲羅《こうら》や牛の肩甲骨《けんこうこつ》に文字を刻み、熱い火箸をあてるとボクという音を立てて「卜」の形でひびが入ります。古代の中国殷《いん》王朝では、このひびで占いをしたのです。

今まで元気だった人が急に「たおれる」ことを「亻（にんべん）＋卜」で「仆れる」と書きます。

これはボクという音を立てて人が倒れ、亡くなることを表します。

「訃」は亡くなったことを言葉で人に知らせていくことです。

「報」には「幸」という漢字が見えます。

幸せな感じがしますが、じつは「幸」は、罪人が手錠をかけられた状態を表しています。同じように「𠬝」は、後ろ手に背中で手錠をはめるということを表し、「報」が知らせるという意味があるのは、罪人に対し手錠をはめるよう命令を下し、その命令に従ったことを告げることを示しているからです。

ちょっと語彙
Column 2

枕詞《まくらことば》の「あしひき」は山のどんな様子を指すの?

柿本人麻呂《かきのもとのひとまろ》が詠《よ》んだ句に「あしひきの　山鳥の尾のしだり尾の　ながながし夜を　ひとり　かも　寝む」があります。

この句に詠まれている「あしひき」ですが「山」を表す枕詞です。ですからこの句は「山にいる山鳥の尾が長くしだれているように、長い夜、今夜もひとりで寝る」ということを表しています。

なぜ「あしひき」とは山にかかる枕詞なのでしょうか。理由はみっつあります。ひとつ目は、山には足を引きずるようにしながら登るものであるという説です。

ふたつ目は、山のふもとには山の神様からの贈り物として色々なものが生えています。「あしひき」の「ひき」とは「引き出物」という意味があります。つまり、山の神様からの引き出物であるという理由です。

みっつ目は、すそ野の方まで稜線《りょうせん》がす〜っと引いているなだらかな山の描線の様子が、足を引っ張っている様子に似ているため、その姿から山のことを「あしひき」とたとえたという説です。

第3章

ふたつの言葉から語彙を知る

中国では紀元前からいかに
生きるべきかが教えられていました

「犬《けん》兎《と》の戦い」と「漁夫の利」

▼お互いの利益のために争っている
二者とは関係ない第三者が
得をしてしまうというたとえ話です。

◇言葉の語源・解説

紀元前二二一年、中国、秦《しん》の始皇帝《しこうてい》が中国を統一する以前、戦国時代の逸話をまとめたものに『戦国策《せんごくさく》』という本があります。『史記《しき》』の種本になったものと言われますが、その中に「犬兎の戦い」という言葉が出てきます。犬が足の速いウサギを追いかけます。どこまでも追いかけ続けても、犬がウサギを捕まえることができません。やがて犬もウサギも疲れ果て、ともにへたれこんで寝込んでしまいました。そこに猟師が現れ、へたれこんで寝てしまった犬とウサギの両方を、獲物として簡単に手に入れることに成功したという話です。

もうひとつ同じような話があります。「漁夫の利」です。ハマグリが口を開けて寝ているところにシギ（鳥）がやってきて、ハマグリの口の中にくちばしを入れたところ、驚いたハマグリは口を閉じ、ハマグリもシギも身動きできなくなりました。その姿を見つけた漁夫がまんまと、ハマグリとシギを捕獲することができたという話です。

二者が争っているときに第三者がやってきて、第三者が得をしてしまうという意味をもつ言葉です。こんな話がすでに古代中国では教えられていたのです。現今《げんこん》の世界情勢をついつい考えてしまいます。

江戸時代、どこの家にも
灰汁がありました

「達磨《だるま》」と「灰汁《あく》」

▼大きく見開いている達磨の目は、
世の中のことをしっかり
理解していることを表しています。

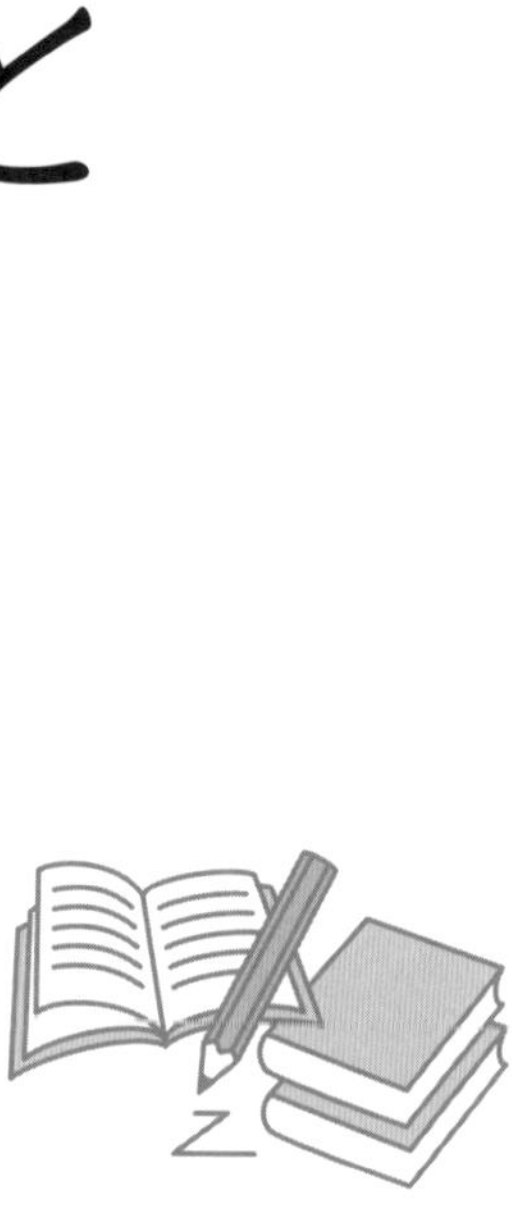

◇言葉の語源・解説

江戸言葉で「達磨の目を灰汁で洗ったように明らか」というものがあります。灰汁で達磨の目を洗うとはどんなことを指しているのでしょうか。

達磨の目は悟りを開いて、大きく見開いています。その見開いている目は、この世を達観しているのです。その目を灰汁を使って洗うということは、さらに物事がよくわかるということを意味します。すなわち「達磨の目を灰汁で洗ったように明らか」とは、悟りを開いた達磨がさらに物事を明らかに見るということを表すのです。

達磨は、紀元後五〇〇年中国の梁《りょう》の武帝時代に、インドから渡ってきた人物だと言われています。その頃日本は、文化の黎明期《れいめいき》を迎えます。梁の武帝の時代の仏教が我が国に大きな影響を与えるのです。

さて、タケノコやダイコンなどを食べるときには、必ず灰汁抜きをします。灰汁は江戸時代、着物の汚れを取るときに使われていました。暖をとるときには囲炉裏《いろり》や火鉢を使うので灰はどこにでもありました。灰を水で溶いたときにできる、上澄みの部分が灰汁です。現在ではソーダなど、灰汁の代わりになるものがありますが、当時は灰汁は非常に重宝されていたのです。

同じ語源である可能性が高い「うなぎ」と「あなご」

「うなぎ」と「あなご」

▼「うなぎ」と「あなご」の音を調べると
穴のようなところに生息する
小さな魚という意味になります。

◇言葉の語源・解説

「うなぎ」と「あなご」の語源は同じと言うと「まさか！」と思う人は少なくないと思います。でも、その「まさか！」なのです。

さて古今和歌集に「梅の花　みむこそきつね　うぐいすの　ひとくひとくと　いとおしむ」という歌があります。この「ひとく」は、「ぴーちく」という鳥の囀《さえず》りを写したものなのです。

ところで「うなぎ」はローマ字で「U・Na・Gi」、頭音だけで表すと「U・N・G」となります。同じく「あなご」は「A・Na・Go」で「A・N・G」と表すことができます。

「U」と「A」は音は違いますが、両方ともに母音です。つまり、「うなぎ＝U・N・G」「あなご＝A・N・G」となり、ほとんど同じということになります。「うなぎ」の「うな」は「あな（穴）」を表し、「うなぎ」の「ぎ」や「あなご」の「ご」は、小さなもの、子どものことを表しています。すなわち「うなぎ」も「あなご」も穴のようなところに潜んでいるものということになるのです。「母音＋N＋G」である「うなぎ」と「あなご」はもともとは同じ語源である可能性が高いのです。

地名の語源を調べているとどんな所だったのかがわかります

「馬喰《ばくろう》」と「伯楽《はくらく》」

▼馬の能力を見極める眼力をもっている人のことを指すのが「伯楽」です。

◇言葉の語源・解説

東京・日本橋にある「馬喰町《ばくろちょう》」の「馬喰」は、「馬を食べる」という意味の言葉ではありません。「馬喰」は、江戸時代では「博労《ばくろう》」と書かれていました。「博労」は当て字で、さらに時代をさかのぼると、「伯楽」と書かれていました。つまり「伯楽」が「博労」になり「馬喰」と変化したのです。

「伯楽」は中国古代、天馬という星の名前を指しましたが、馬の善し悪しを見分ける能力のある人を指す言葉でもありました。

中国、唐の時代に書かれた韓愈《かんゆ》の『雑説《ざつせつ》』に由来する言葉に「世に伯楽あり、しかる後に千里の道あり」という言葉があります。

一日に千里（約４００㎞）を走る馬は存在するが、千里を走ることができるかどうか、馬の善し悪しを見極めることができる人、すなわち伯楽はなかなか存在しないということを意味する言葉です。

江戸時代の「博労」と呼ばれている人たちは、馬の善し悪しを見極める相馬眼がある人たちを指していたのだとも考えられます。

漢字の成り立ちを知ると
言葉の違いがわかります

「群集」と「群衆」

▼「衆」という字は、お日さまのもとに人がたくさん集まっている様子を表しています。

◇言葉の語源・解説

「群集」と「群衆」はどちらも「ぐんしゅう」と読みます。バーゲンセールなどで人々が集まっている状態を指す場合は「群衆」と書きます。バーゲンセールに集まっているのは人間です。つまり人が集まっているときには「群衆」を使うのです。人間以外、たとえばカラスがごみ集積場にたくさん集まっているときなどには「カラスの群集」というように「群集」を使います。

では、どうして人が集まるときには「群衆」で、それ以外、動物や植物などが集まっているときには「群集」と書くのでしょうか。

「群集」の「集」の中には「木」が入っています。上の部分の「隹」は鳥を表しています。「集」は旧字では「雧」と書いていたように、鳥がたくさん集まっている様子を示す漢字でした。

つまり、なにかがたくさん集まっている様子を示しているのです。

「群衆」の「衆」の字の中には「血」が入っています。「氶」の部分は「人」を表しています。もともと「血」の部分はお日さまを指していました。つまり「衆」という漢字は、お日さまのもとに人がたくさん集まっている様子を表しているのです。

同じ「しゅうそく」でも
漢字によって意味合いが異なります

「終息」と「収束」

▼完全に区切りをつけて
しまうという意味があるのが
「収束」です。

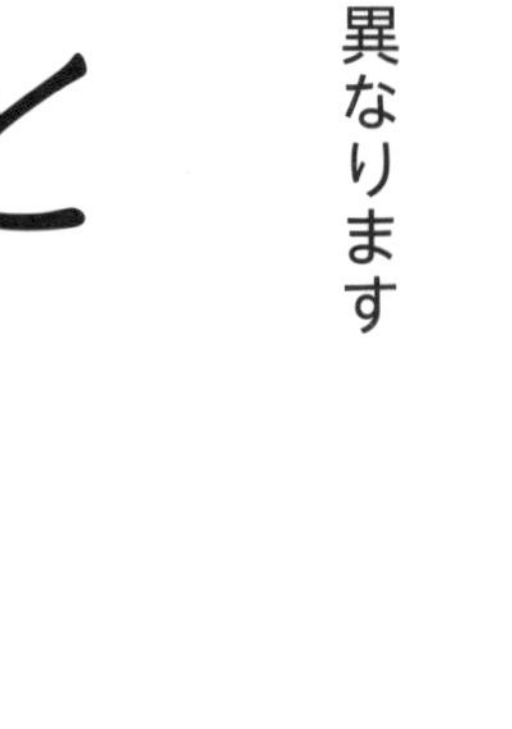

◇言葉の語源・解説

新型コロナウイルス、早く収まってもらいたいですね。さて、「終息」と「収束」という似たような言葉がありますが、使い方はどう違うのでしょうか。

「終息」の「終」の字の中には「冬」という字が入っています。季節は春、夏、秋、冬と流れます。つまり「冬」という字はある周期の最後であるということを表します。「終息」の「息」には、ゆっくりと息をするということから、休むという意味があります。すなわち「終息」は、ひとつの周期があり、その周期はゆっくりと自然の流れの中で終わることを言います。

「収束」のほうはどうでしょうか。

「収束」の「収」はふたつの糸をぎゅっと手で集めるという意味があります。そして「束」はそれを束ねるわけですから、手でぎゅっと強く集め、それをもうほどけないように固めてしまうという、完全に区切りをつけてしまうということを表しています。自然な状態で終わりをむかえることを指すのが「終息」であり、強い力をもってけりをつけることを指すのが「収束」という言葉なのです。

漢字の使い方によって、同じ「しゅうそく」でも表している意味が異なるのです。

「健」と「険」の意味を知ると
「保健」と「保険」の違いがわかります

「保健」と「保険」

▼「保」という字には「たもつ」という
意味の他に、責任をもって
請け負うという意味も含まれています。

◇言葉の語源・解説

「保健」と「保険」、どちらも「ほけん」と読みますが、このふたつの漢字にはどのような違いがあるのでしょうか。日本語には同音異義語がたくさんあります。「ほけん」を漢字で書き分けると同じ「ほけん」でもその違いがわかります。

「保健」は健やかに保つという意味があります。ですから学校などの「ほけんしつ」の「ほけん」は「保健」という漢字を使います。いっぽう「保険」は、病気や災害などに遭ってしまったとき、治療費などのお金を受け取るため、事前に保険会社と契約をするときに使います。「保険」の「険」の「㑒」は、人がものをたくさん集めて山盛りにしている様子を指しています。そして「阝（こざとへん）」は土が集まっているさまを指します。つまり、非常に困難であるということを表すのが「険」という字なのです。

「保」には「たもつ」という意味の他に、責任をもって請け負うという意味もあります。「担保」「保証」という言葉の「保」にはこのような意味があるのです。「保健」は、健やかな状態を保つという意味で「保」という字を使いますが、「保険」の「保」は、難しい困難なことを責任をもって請負いますという意味で使います。保険会社の「ほけん」を「保険」と書くのは、このような意味があるからなのです。

「閉」の字は「オ」の部分の意味を理解することが重要です

「封鎖」と「閉鎖」

▼国々の往来をストップさせるという意味合いから使う言葉は「閉鎖」のほうが合うでしょう。

◇言葉の語源・解説

「閉鎖」「封鎖」にはどのような違いがあるのでしょうか。「鎖」は金属で作られている小さな貝のようなものをつないでいるものを指しています。つまり「鎖」とは、金属製のものをつないでできているものを言います。

「閉」は、「門（もんがまえ）」に「才」と書かれています。この部分が重要なのです。これは「裁」と同じ意味があります。すなわち断ち切ってしまうことを表します。つまり「閉」とは、門を断ち切ってしまい、人の往来を止めてしまうということを言います。

また「封」は土のようなものを集めて人が入れないような、いわゆる砦《とりで》のようなものを指します。国を「ふうさ」するとは、人やものが入ってこないように断ち切ってしまうという意味があります。

バリケートのようなものを作って国交や人の往来を禁止するのであれば、「封鎖」という漢字が適切でしょう。

このように「封鎖」と「閉鎖」には違いがありますが、「封鎖」と言われたほうが強い感じがするのは、「閉鎖」という漢字の見た目のイメージから、ただ門を閉じているように感じるからです。

紀元前五〇〇年よりも前に
「悼」の字はありました

「追悼《ついとう》」と「追亡《ついぼう》」

▼「追悼」は亡くなった人の生前のことを
思い出し悲しい気持ちに
なることを表しています。

◇言葉の語源・解説

「追悼」の「悼」は訓読みでは「悼（いた）む」です。「いたむ」という漢字には他に、「痛む」があります。「痛む」は、肉体的に痛いときに使いますが、「悼む」は「忄（りっしんべん）」がありますので、心が痛むときに使います。「悼む」は中国の儒教の古典である、孔子《こうし》が編纂《へんさん》したとされる『詩経《しきょう》』に使われています。

この字には動くという意味もあり、心が動くことも表します。何に対して心が動いて心が痛むのでしょうか。それが「追悼」の「追」の字が表しているのです。亡くなった人の生前、すなわち過去のことを思い出し、心が動き悲しい気持ちになる状態が「追悼」なのです。

似た言葉に「追亡」があります。「追亡」は亡くなった人のことを考えて悲しい気持ちになることを表しています。「追悼」は亡くなった人の生前のことを思い出し悲しい気持ちになるのに対し、「追亡」は生前のことは特に関係なく、亡くなった人のことを思い出し、悲しい気持ちになることを指すのです。

「感染」と「伝染」

「感染」は明治時代に登場した日本で作られた言葉です

▼「伝染」と「感染」は似ていますが、「伝染病」という言葉はあっても「感染病」という言葉はありません。

◇言葉の語源・解説

「感染」の「感」ですが、「咸」は武器を使って人の口を閉ざすという意味があります。武器で脅されてまったく声が出ないような状態を表します。また「心」が付いて強いショックを受けていることを意味します。つまり「感」は、様々な病原菌が身体の中に入ってきてしまい、ショックを受けている様子を指しているのです。「染」はその状態が身体全体を染めている様子を言います。「感染」は明治時代になってから使われるようになった言葉で、日本で作られた日本独自の言葉です。

さて「伝染」は、「伝え染まる」と訓読できます。「感染」のように、自分自身にショックがあろうがなかろうが関係なく、人から人（動物から動物、動物から人）へと影響が伝わる、すなわち染まっていくことを表しています。

「感染」は、人の体に病原菌などが入ってしまったときに使います。つまり「人が感染する」と言います。それに対し、「病気が人に感染する」とは言いません。「病気が人に伝染する」と言います。

現在では「感染」も「伝染」も同じような意味で使われていますが、「伝染病」という言葉はあっても「感染病」という言葉はありません。

「ふんいき」という言葉は
もともとは「ふいんき」でした

「雰囲気」と「不陰気」

▼発音がしずらいがために
「ふいんき」は音が変わるとともに、
言葉の意味も変わってしまいました。

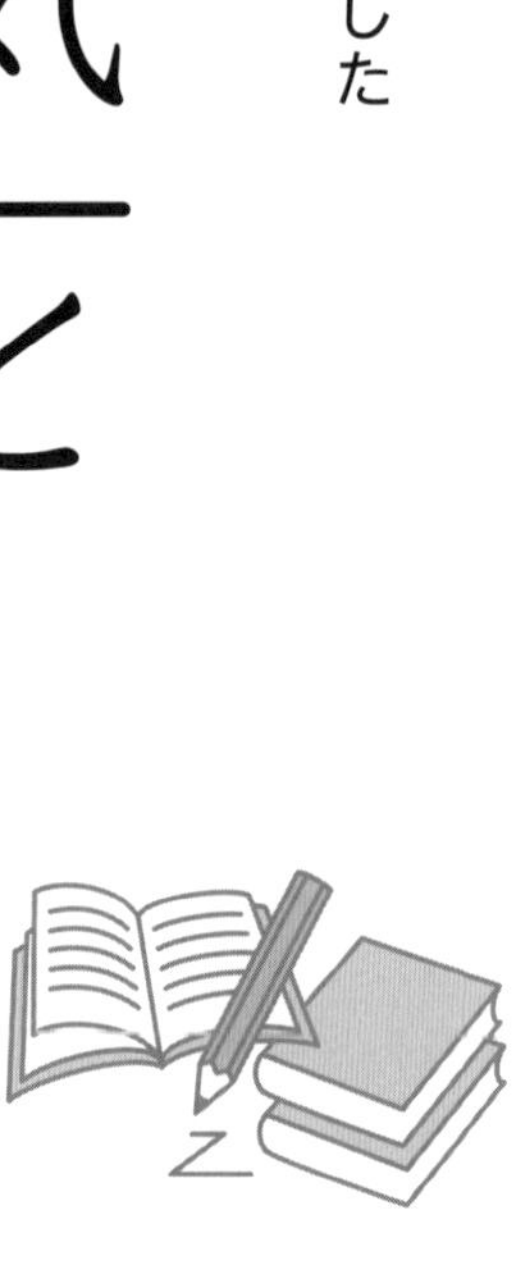

◇言葉の語源・解説

「新しい」は「あたらしい」と読みます。でも「新」という人の名前は、「あらた」と読みます。どうしてでしょう。じつはこれは「あらたしい」から「あたらしい」に変化したものなのです。理由は発音しにくいから。また、秋葉原という地名がありますが、この「あきはばら」も本来は「あきばはら」と呼んでいたものが変化したものです。

「ふんいき」という言葉も、もともとは「ふいんき」と呼んでいました。この「ふいんき」は漢字で書くと「不陰気」となり、陰気ではないということを意味します。つまり明るい感じをイメージできます。また「ふいんき」は「訃音気」とも書きます。こちらは、人が亡くなったことを伝えなければならないような状態を言います。暗い感じですね。

「雰囲気」の「雰」は靄《もや》を指し、「雰囲気」とは靄で囲まれているような状態、地球を取り巻く大気のことを指していました。それがいつの間にか、その場の気分や状況を指す言葉として使われるようになったのです。

「あたらしい」や「あきはばら」は音が変化しても意味は変わりませんが、「ふんいき」と「ふいんき」は音が変わると意味も変わってしまったのです。

「五輪」は新聞記者が考え出した言葉です

「五《ご》輪《りん》」と「オリンピック」

▼宮本武蔵が書いた『五輪の書』の話がきっかけとなり、オリンピックは「五輪」と呼ぶようになりました。

◇言葉の語源・解説

一九四〇（昭和十五）年は東京でオリンピックが開催される予定でした。しかし、戦争のため中止になってしまいました（冬季の札幌や万博も予定されていましたが中止でした）。この東京オリンピックが開催されることが決定したのは一九三六（昭和十一）年に、ベルリンで開催されたＩＯＣ委員会でのことでした。当時オリンピックは「オリムピック」と書かれていました。「オリンピック」の「ン」の部分が「ム」になっていたのです。ローマ字表記でも「オリンピック」は「Olympic」で、「n」ではなく「m」となっています。発音は「ム」となりますので、そのまま音を表すと「オリムピック」となるわけです。

一九四〇年のオリンピックが東京に決定したニュースを新聞記事にしようとしたとき、「オリムピック」は六文字です。新聞はできるだけ文字数を少なくし、より多くの情報を伝えることを目指し、「オリンピック」に替わる言葉がないかと考えました。

当時、スポーツ評論家として有名だった川本信正《かわもとのぶまさ》が見つけたのが「五輪」です。宮本武蔵が書いた『五輪の書』にヒントを得、オリンピックのマークは五つの輪からできていることに結び付け、彼が「五輪」と書いたのです。最初に「五輪」が使われたのは一九三六年七月二十五日の読売新聞紙上でのことでした。

「停滞」と「瀦滞」は
似たような意味をもちます

「停滞」と「瀦滞《ちょたい》」

▼「停滞」の「停」という字には
人の動きが完全になくなって
しまったという意味があります。

◇言葉の語源・解説

「停」の字には「丁」が見えます。「丁」に「金」を足すと「釘」という字になります。釘を板に打ち込むと、その板は動かなくなってしまいます。「丁」は動かなくしてしまうという意味があります。小さな建物のことを、「〇×亭」と言います。「亭」という字の上部は「高」の略字です。「亭」の本来の意味は、高い所に建って動かない建物を指します。すなわち微動だにしないという意味です。

「停」は「亻（にんべん）＋亭」ですから、人がまったく動くことができないという意味になります。いっぽう「滞」は、水が帯のように人の周りに集まってしまい、動けなくなってしまっている様子を指しています。ですから、どこかへ移動しようと思っても、動けない状態を表しているのが「滞る」なのです。つまり「停滞」とは、釘で刺されて帯で巻かれ、完全に動けなくなっている状態を指しています。たとえば「経済が停滞してしまう」とは、経済活動が完全に止まってしまうことを表しています。

「停滞」と似たような意味をもつ言葉に「澁滞」があります。「澁」には太りすぎて肉がだぶだぶになり、動けなくなってしまった豚という意味があります。物がたくさんありすぎて、動けなくなってしまった状態のときには「澁滞」を使います。

「思いやり」と「心やり」は
正反対の意味があります

「思いやり」と「心やり」

▼「心やり」という言葉には相手のことを「思いやる」という意味はありません。

◇言葉の語源・解説

先日、買い物帰りのおばあちゃんが、よろついた拍子に持っていた荷物を落としてしまいました。その様子を見ていた女の子が近づき、落とした荷物を拾い、おばあちゃんに渡してあげると、おばあちゃんは嬉しそうな表情で「ありがとね。お嬢ちゃんはやさしいね。〝心やり〟があるね、本当に〝心やり〟があるね」とお礼を言っていました。

おばあちゃんはおそらく「思いやり」という意味で「心やり」という言葉を使ったのではないかと思いますが、じつは「心やり」という言葉は、「思いやり」とは正反対の意味をもつ言葉なのです。「心やり」とは「あまりにも腹がたったので、〝心やり〟に壁にこぶしをあててやったよ」というように、うっぷんを晴らすときに使う言葉です。

「心やり」の「やり」という漢字は「遣り」と書きます。「遣」という字には一方向に向かうという意味の他に、四方八方に散らしていくという意味もあります。「心やり」の「遣り」は、鬱積《うっせき》した気持ちを四方八方に散らすという意味となるのです。いっぽう「思いやり」の「遣り」は、自分の気持ちを相手に一方向に伝えるという意味になります。つまり、「心やり」とはうっぷんを晴らすという意味を表していますので、おばあさんの女の子への「心やりがあるね」という言い方は間違った表現となるのです。

「慢」という字は、驕《おご》り高ぶるということを指します

「我慢」と「辛抱《しんぼう》」

▼「我慢」は仏教用語です。仏教では自分が偉いと思う気持ちは罪であると言われています。

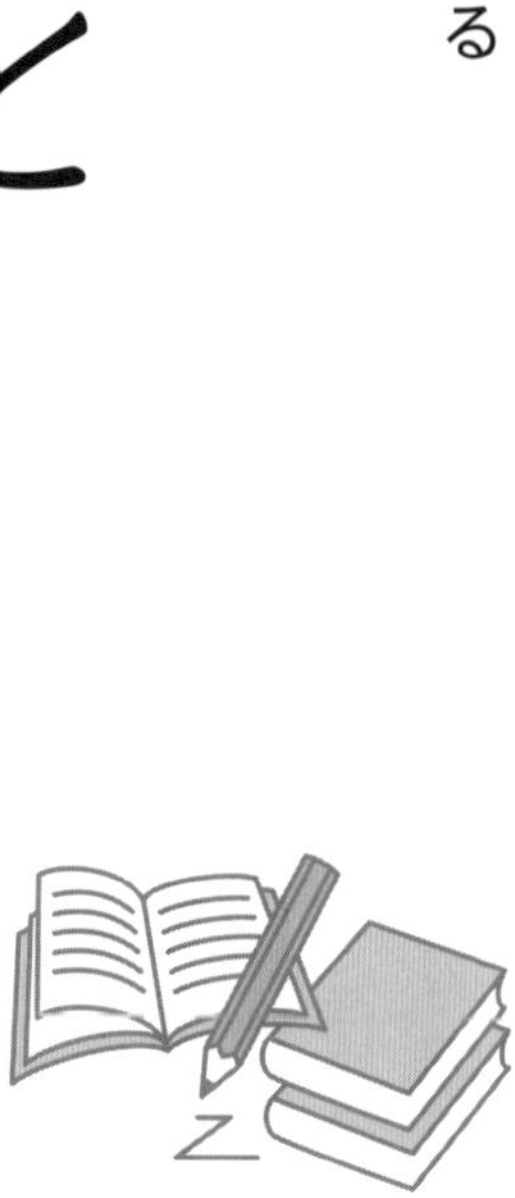

◇言葉の語源・解説

「我慢」と「辛抱」はどちらも仏教用語です。「我慢」は江戸時代には「われまん」とも読んでいました。「我慢」の「慢」には、高慢、慢心という言葉があるように、驕《おご》り高ぶるという意味があります。

すなわち「我慢」とは、自分自身が偉いと思うことを指すのが本来の意味なのです。仏教では自分が偉いと思う気持ちは罪であるとされているため、驕り高ぶるような気持ちをもってはいけないと教えています。

つまり、自分が偉いと思ってはいけないということは、自分の弱さを見せてはいけないという教えにもつながり、その弱さをみせないようにじっと耐えしのぶという意味を指す言葉が「我慢」なのです。

これに対して「辛抱」は、もともとは辛さを抱くということは指していません。仏教では「辛抱」は「心法」と書きました。心はなにか影響を受けると、ころころ変わってしまうものです。しかしそれは好ましいことではありません。仏教では心が変わらないようにしなさいと教えています。それが「心法」なのです。

「心法」の当て字として「辛抱」と表すようになったのです。

「禍」は音読みでは「か」
訓読みでは「わざわ（い）」と読みます

「禍」と「災」

▼神様があけた、目には見えない大きな穴の中に入ってしまっている様子を指すのが「禍」です。

◇言葉の語源・解説

新聞やテレビのニュースなどで「コロナ禍」という言葉をよく見かけます。「禍」は音読みでは「か」、訓読みでは「わざわ（い）」と読みます。「禍」は「ネ（しめすへん）」です。神様の「神」も「しめすへん」があるように「禍」は神様と関係があります。「禍」の右側にある「咼」の部分は「渦《うず》」「蝸《かたつむり》」という漢字にもあります。「咼」はぐるぐる巻いている様子を表している漢字なのです。また「咼」には、「鍋」という漢字が示すように「穴がある」という意味もあります。

「禍」は、神様があけた見えない大きな穴の中に入ってしまっている様子を表しているのです。とすれば「コロナ禍」とは、未曾有《みぞう》の出来事という穴の中に入ってしまっているということを意味しているとも言えるでしょう。

さて「わざわい」と読む漢字には「災」もあります。「災」の「巛」の部分は行く手を阻むという意味があります。中に入れないようにしている柵のようなものです。火事などが原因で、今まで普通に暮らしていた生活が拒まれる、すなわち送れなくなってしまうことを指しているのが「災」という漢字の意味なのです。ちなみに「禍」は常用漢字ですので小学校では習いませんが、「災」は小学校五年生で習います。

「愛嬌《あいきょう》」と「愛敬《あいきょう》」

室町時代では「愛敬」は「あいぎょう」と読んでました

▼仏教用語の「愛敬の相」から「愛敬」は仏様の幸せそうな顔立ちを指す言葉です。

◇言葉の語源・解説

「あの人は愛嬌があるので人から好かれる」のような言い方で使われる「愛嬌」ですが、はたしてどんな意味があるのでしょうか。

「愛嬌」の「嬌」はもともと、すらっとした女性の姿を表している漢字です。「愛嬌」という言葉をはじめて使ったのは夏目漱石です。それ以前には「愛嬌」と同じような意味で、「愛敬」という言葉が使われていました。夏目漱石と同じ時代の明治の文豪、坪内逍《つぼうちしょう》遥《よう》は作品の中ではすべて「愛敬」を使っています。

ところで室町時代は「愛敬」は「あいきょう」とは読まず、「あいぎょう」と読んでいました。もちろん現在使っている「愛嬌」と同じ意味もありましたが、もともとは「愛敬」は仏教用語で「愛敬の相」、すなわち仏様の幸せそうな顔立ちを指していました。

ただ「愛敬」を「あいぎょう」と読まず「あいけい」と読むと、「可愛い人」という意味になります。

「あいぎょう」が「あいけい」と読まれるようになり、それが「あいきょう」と変わっていったのが「愛嬌」「愛敬」という漢字なのです。

「やばい」もまったく同じ意味の言葉です「あわや」も

「やばい」と「あわや」

▼対象となるできごとが悪いできごとのときには「あわや」を使いますが、良いできごとのときには使いません。

◇言葉の語源・解説

「あわや交通事故にあうところだった」というようなときに使われる「あわや」ですが、これは、じつは現代の「やばい」と同じような意味をもつ言葉だったのです。「やばっ！」というような言い方を最近よく耳にしますが、「あわっ」と表現していた時代もありました。良くないものや、気持ちの悪いものなどを目にしたときに、「あわっ」と言っていたのです。「あわっ」は、良くないものに遭遇したときに使いますが、良いものや、気持ちの良いものを目にしたときには「あわっ」という言葉は使いません。

人にぶつかりそうになったとき、ぶつかることは良いことではありませんので、「あわや人にぶつかるところだった」というように「あわや」は使います。

宝くじの場合はどうでしょうか。宝くじに当選することは良いことですので、「あわや宝くじに当たるところだった」とは言いません。

「あわや」とは危機寸前を指したり、驚いたということを意味する言葉なのです。

「あわや」は平安時代から使われていた言葉です。最近ではあまり耳にする機会が少なくなっている感じがします。「やばっ！」という言葉の代わりに「あわっ！」という言葉を使ってみてはどうでしょうか。

「暴」にはふたつの読み方と
ふたつの意味があります

「暴力」と「暴露」

▼「暴」の字の「共」の部分に
どんな意味があるのかを理解できると
「ぼう」と「ばく」の違いがわかります。

◇言葉の語源・解説

「暴」という字は、「暴力」では「ぼう」と読み、「暴露」では「ばく」と読みます。「ぼう」と「ばく」というように、同じ漢字ですが読み方が異なります。

そして読み方が異なると意味も異なります。

「暴力」のときに発音する「暴＝ぼう」には、人が見ているところで、自分は強いんだという、自分の力を出していく、すなわち暴れていく様子を示しています。

これに対して「暴露」のときに発音する「暴＝ばく」には、「さらす」という意味があります。ですから「暴露本《ばくろぼん》」は、人の隠していることを世間に「さらす」ということを指しています。

この場合の「暴」は、「共」の部分が太陽が照っている所に、動物の皮を剥《は》いで、さらしている様子を表しているからです。

同じ漢字なのですが、「共」の部分が、自分の力を出すことを指しているのか、動物の身体の部分を指しているのかによって、「暴」のもつ漢字の意味が異なってくるのです。

ちょっと語彙
Column 3

「要請」という熟語には、どのような意味があるの？

「要請」には「強く求め願う」「無理を承知でお願いする」という意味があります。

「要」の「女」にはどんな意味があるのでしょうか。「要」という字に「月（にくづき）」を加えると「腰」という字になります。女性のくびれている腰の部分を指している漢字です。「要」にも「女性のくびれている腰の部分」という意味があります。くびれているとは、身体が引き締まっていることです。そこから「要」は強く引き締める、すなわち強く求めるということを表す漢字となります。漢文では「要」は「求める」という意味で使われています。

「請」の「青」ですが、井戸の中の水が澄んでいる所に新芽が生えている様子を示しています。

つまり「請」という字は、偽りのない澄んだ目をし、正直な気持ちで言葉に出すということを表しているのです。

「要請」とは「強く求め願う」「無理を承知でお願いする」ということを指すのは、このような漢字の意味があるからです。

第4章

うまく説明できない言葉の語彙を知る

「羽化登仙」の「羽化」は蝉《せみ》のことを指しています

羽《う》化《か》登《とう》仙《せん》

▼古代の中国では、人間は死ぬと何年かしたのちに復活すると考えられていました。

◇言葉の語源・解説

羽が生えた仙人が天に上ることを「羽化登仙」と書きます。蝉が木に止まって羽を広げ、幼虫から成虫になる様子を「羽化」と言います。

「蝉」は音読みで「せん」とも読みます。仙人の仙も「せん」と読むことから「羽化登仙」の「羽化」は蝉も指しているのです。蝉の幼虫は土の中で何年も時間をかけて成長します。中には十年を超えるような蝉もいるのですから驚きです。しかし成虫になり地上に飛び立ってからの時間は短いものです。土の中から地上に出て、あっという間に飛んで行ってしまう蝉の姿から、「羽が生えた仙人が天に登っていく」という意味を指します。

「羽化登仙」とはお酒を飲んでいい気分になっている状態も指します。友人たちと会い、美味しいものを食べながらお酒を飲むと、次第にうっとりとした、いい気分になってきます。この様子を指すのが「羽化登仙」です。また「羽化登仙」には、蝉が抜け殻から飛び出すように、新しい世界に飛び込むという意味もあります。

古代中国では、人が亡くなると喉《のど》の奥に、蝉の形にかたどった玉を入れ、一緒に埋める風習がありました。蝉の形の玉が何年か経ったのちに、本当の蝉となって地上に出て仙人になって飛んでいく、すなわち復活するという思いが込められていたからです。

勺という字には
激しいという意味があります

灼熱《しゃくねつ》

▼「勺」の意味を理解できると
晩酌《ばんしゃく》とはチビチビと飲むような
感じではないことがわかります。

◇言葉の語源・解説

「灼」の「勺」には、「激しい」という意味があります。「灼」は「火（ひへん）」ですから、激しく燃える火、暑い、明るいということを表します。「灼」を使った言葉に「灼然」があります。「灼然たる」というように使われますが、「灼然」とは火が赤々と燃えている状態、すなわち、よくわかるような形になっている様子を指します。

ところで「灼」は「火＋勺」ですが、火の代わりに水を表す「氵（さんずい）」に「勺」と書いた「汋」はどんな意味を表すのでしょうか。「汋」は、水が激しく滝のように流れているさま、もしくは水をヒシャクのようなものに入れ、あるいはホースなどで思い切り水をまき散らすことを意味します。

他に「酉＋勺」で「酌」という漢字があります。「晩酌」の「酌」です。ふつう晩酌というとチビチビとゆっくり飲んでいる様子をイメージしますが、「勺」の字にお酒の「酉」ですから、じつは激しくお酒を飲むという意味になります。つまり「晩酌」とは夜に、たくさんお酒を飲むということなのです。

牢《ろう》乎《こ》

「牢」には、出て行こうとするものを出さないようにするという意味があります

▼自分の立てた目標に向かって、どんな困難にぶつかっても強い意志でやり遂げる気持ちがあることを言います。

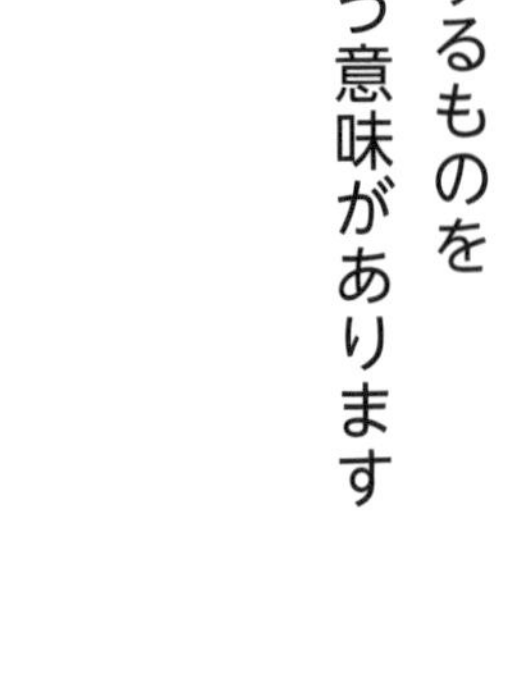

◇言葉の語源・解説

「牢乎」の「牢」は「牢屋」の「牢」です。ですから「牢乎」という漢字はあまり良い意味ではないように感じますが、本来は良い意味を表す漢字なのです。

「牢」は「宀（うかんむり）」に「牛」と書きます。牛が家の中から出ていかないように、しっかり小屋の中に入れている状態を表します。「牢」には、「出て行こうとするものを出さないようにする」という意味があるのです。また、「乎」は「コ」と音読しますが、これは非常に固く強いことを意味します。

つまり、小屋の中から外に出ていかないようにしている牛を、絶対に外に出さないという意味を指すのが「牢乎」なのです。

たとえば、なにか目標を立て、目標に向かい努力し続けるという、強い意志を胸のなかに秘め、成功するまで絶対にやり遂げるということを指すのが「牢乎」という言葉なのです。

「彼は頑張って、芸術家として成功を目指している」という言い回しを、「彼の芸術家として成功しようとする意志は、牢乎として抜くべからざるものがある」と言い変えると、より強い意志があることを示すことになります。

中国、宋や元の時代の頃
使われていました

胡《う》乱《ろん》

▼「胡」には「どうして？」という意味と「あごひげを伸ばしている人」というふたつの意味があります。

◇言葉の語源・解説

「胡乱」は「うろん」と読みます。「ころん」ではありません。最近ではあまり使われなくなってしまった言葉ですが、「乱雑である」「勝手気ままである」「不確実である」という意味があります。

「胡乱」は室町時代に中国から入ってきた言葉です。室町時代の中国は、宋や元の時代でした。

「胡乱」は中国語で「ｈｕ＝フー」「ｌｕａｎ＝ロアン」と発音し、「フー」は「ウー」、「ロアン」は「ロン」と聞こえたために、「胡乱」は「ころん」と読まず、「うろん」と発音するのです。

「胡」の「月」はひらべったい肉が、散らばっている様子を指しています。

また「胡」は「あごのひげ」「あごの肉の部分」という意味もあります。「胡人」というと、長いあごひげを伸ばした人を言います。

「そんな胡乱（不確実）なことを言ってはいけないよ」「あなたの部屋は胡乱（乱雑）だ」というように使ってみたらどうでしょうか。

イノシシを追いかけることを
表しているのが「逐」の本来の意味です

逐《ちく》電《でん》

▼「逃亡」の意味と同じく
行方《ゆくえ》をくらますという意味が
「逐電」にもあります。

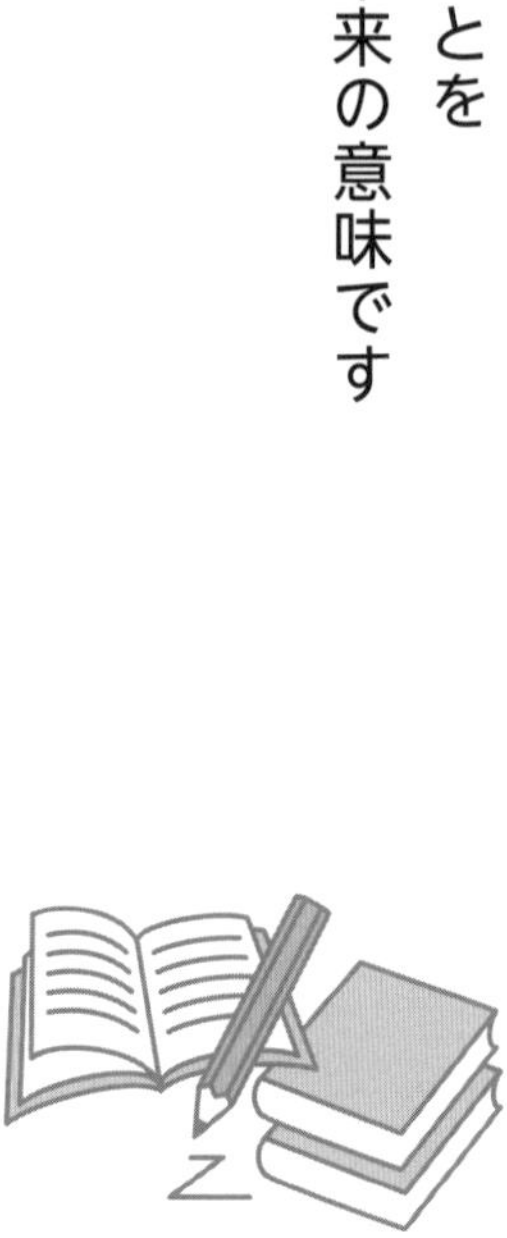

◇言葉の語源・解説

「逐電」の「逐」には「追いかける」という意味があります。「豕」はイノシシを表します。すなわち「逐」は、イノシシを追いかけて捕まえるということを表す漢字だったのです。さて「電」はカミナリの稲妻の部分を指しています。ですから「逐電」は稲妻を追いかけるということを指すことになります。

俊敏になにかを追いかける様子を意味する言葉なのです。

カルロス・ゴーンがあっと言う間に日本を脱出してしまった事件がありましたが、彼の敏速な行動を指し、「カルロス・ゴーンが逐電してしまいました」というように使います。

また「逐電」には「逃亡する」という意味もあります。稲妻を追いかけ続けるということは、どこまでも行ってしまうことになります。ですから、行方をくらますということを指しているのです。

「カルロス・ゴーンが逐電した」とは、「俊敏な行動」であると同時に、「行方をくらました」というふたつの意味を表しています。

今では、行方をくらますという意味を表す言葉に「逃亡」があり、こちらのほうが一般的ですが、「逃亡」の代わりに「逐電」を使ってみたらいかがでしょうか。

よろこびを表す漢字には「欣」の他に
「喜」「慶」「歓」「悦」などがあります

欣《きん》幸《こう》の至《いた》り

▼めったにないようなことが起き、
大きなよろこびになった様子を
指している言葉です。

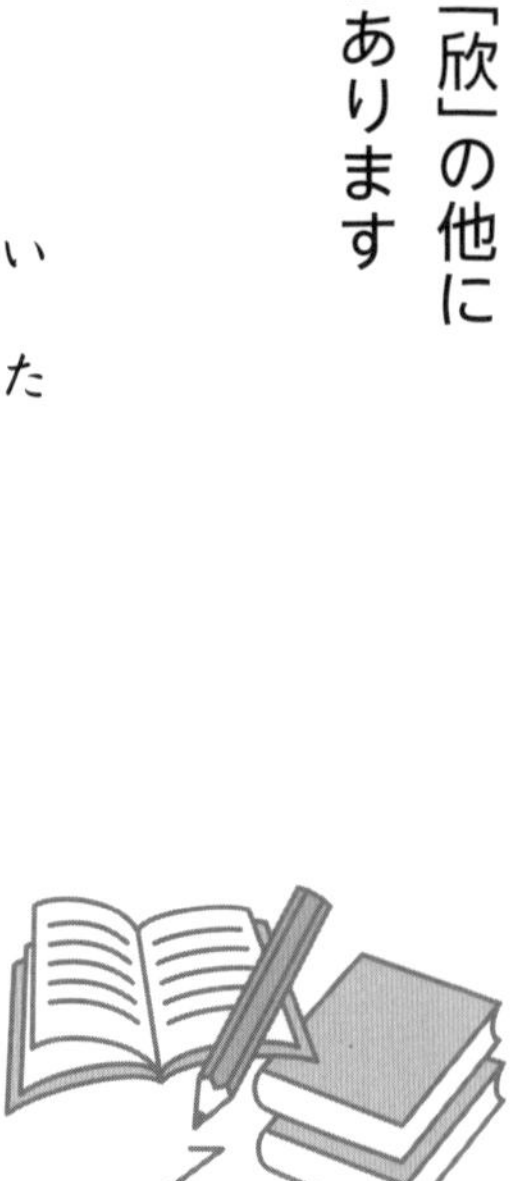

◇言葉の語源・解説

「欣幸の至り」とは、「とても良いよろこび」という意味があります。よろこびを表す漢字には「喜」「慶」「歓」「悦」などがありますが、「欣」もよろこびの意味があります。「欣」の右側には「欠（あくび）」があります。これは人が大きく口をあけている様子を示しています。

左側の「斤」は「キーン」という音を表しています。「斤」には斧で固いものを打って音を出すという意味もあります。

すなわち「欣」は、人が大きな口を開け「いいね、いいね」と高い声を出してよろこんでいる様子を指している漢字なのです。

「幸」は、「めったにないことが起きて、ほんとうによかった」という意味の漢字です。ですから「欣幸」とは「本当に大きなよろこび」を意味します。大きな努力をし、夢をかなえたときに使われます。

身近な人が努力し続け、ついにその夢を叶えたときなど、「欣幸の至りでございます」と書いて手紙を出してみたらいかがでしょうか。

鎌倉時代では「にやけ」は
「にやけ」と言っていました

にやける

▼「にやける」は漢字では「若気る」と書き、
もともとは身の回りの世話をする
かわいらしい男の子のことを指していました。

◇言葉の語源・解説

口元が緩んでひとりでニヤニヤしている、楽しいことなどを想像して薄笑いなどをしている様子を「にやける」と言います。「にやける」という言葉は、「にやけ」＋「る」、つまり「にやけ」という言葉に「る」がついて動詞になっています。「にやけ」ですが、鎌倉時代までさかのぼると、「にやけ」は「にゃけ」と言っていました。漢字で書くと「若気」となります。当時、身の回りのことをしてくれる、かわいい男の子のことを「若気＝にゃけ」と呼んでいたのです。

江戸時代になると、男の人が派手な着物を着て、なまめかしいような態度をとる姿を「にゃける」と言うようになりました。派手な格好をしている男の子に対して、「おまえさんはにゃけてるね」というように使われたのです。

明治時代の中頃になると、「にゃける」は「にやける」に変化することになり、同時に「にやける」は、口元が緩んでひとりでニヤニヤしている、楽しいことなど想像して薄笑いなどをしている様子という、現在と同じような意味の言葉になりました。

「にやける」は「にゃける」から「にやける」と、時代の流れとともに言葉も変化しただけでなく、同時に使い方も変わってしまった言葉のひとつなのです。

「ぼっち」は漢字で「法師」と書き
お坊さんのことを指します

ひとりぼっち

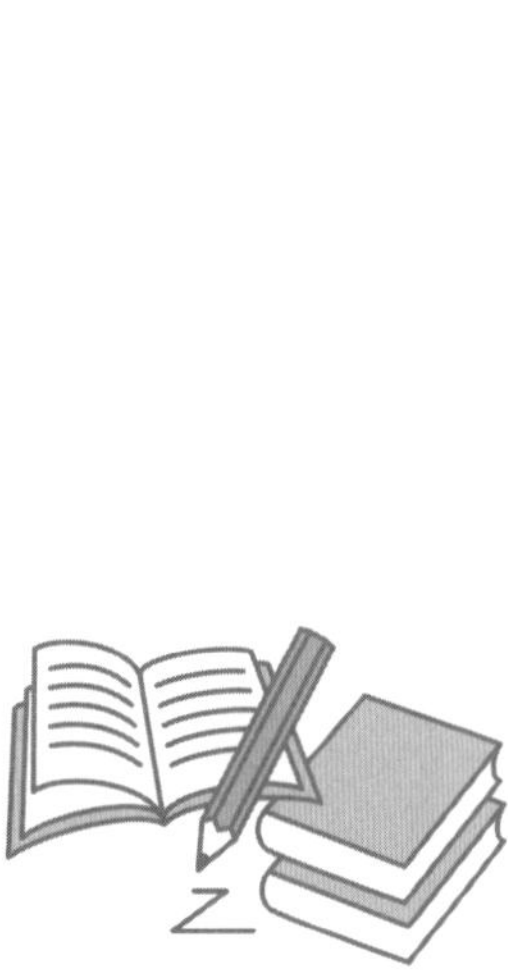

▼ちいさな子どもが
ひとりで寂しそうにしている
様子を表しています。

◇言葉の語源・解説

今ではひとりでいることを「ぼっち」と言うことがあります。「ひとりぼっち」の「ぼっち」にはどんな意味があるのでしょうか。「ぼっち」を漢字で書くと「法師」となります。法師とはお坊さんのことですね。

ひとり法師とは、教団に属さないで、ひとりで仏の道を信じ、修行をしている人のことなのです。

ところで「法師」にはもうひとつ意味があります。

お坊さんは頭の毛を剃髪《ていはつ》しています。江戸時代までは男の子のほとんどが頭の毛を、お坊さんのように剃髪していました。ですから、子どものこと、特に小さな子どものことを「法師」と呼んでいたのです。

子どものことを「ぼっちゃん」と言いますが、これも子どものことを「法師」と呼んでいたことに由来します。

すなわち「ひとりぼっち」とは、小さな子どもがひとりでいる様子も表します。

川端康成が小説『浅草《あさくさ》紅《くれない》団《だん》』で使ったのが最初だと言われています

あっけらかん

▼「あっけらかん」という言葉が登場したのは明治時代中頃で、それまでは、「あんけら」と言っていました。

◇言葉の語源・解説

「あっけらかん」とはなにか大変なことが起きても、なにごともないように、平然としている様子を指す言葉として使います。また、何も考えずボーッとしているような様子のときにも使います。古くは「あっけらかん」の「あっけ」は、口をポカーンと開けている様子を表し、その姿を、あの人は「開けとしているね」と言ったものでした。

「開け」は「あけら」に変わり、「あんけら」という言葉に変化していきました。すなわち、「あっけら」はもともとは「あんけら」だったのです。

「あっけらかん」の「かん」は、のどかで、何もしなくてもいい静かな様子を「安閑」と言いますが「安閑」の「閑」が「あっけらかん」の「かん」なのです。

「あっけらかん」という言葉が使われるようになったのは、明治時代の中頃です。それまでは「あんけら」と言っていました。

「あっけらかん」という言葉は、川端康成が小説『浅草紅団』のなかで使ったのが最初だと言われています。

『浅草紅団』は現代の日本語に大きな影響を与えた作品です。現代の流行語「やばい」も『浅草紅団』で使われたのが初出なのです。

「げる」には、「消える」という
意味があります

たまげる

▼「たまげる」と同じような意味を
表す言葉に「おびえる」
「びっくりする」があります。

◇言葉の語源・解説

「たまげる」の「たま」は肝っ玉とか人魂のような、「魂」を表します。「げる」は、「消える」を早口で言った言葉です。「たまげる」は、魂が消えてしまうくらい驚いてしまう様子を指しますが「たまげる」は漢字で書くと「魂消る」となります。

驚くという意味をもつ言葉は、古くからありました。奈良時代には驚くことを「おびえ（ゆ）る」と言っていました。これが平安時代になると、「たまげる」に変わり、室町時代になると、驚くことを指す言葉として「びっくりする」という言葉も使われるようになります。奈良時代に登場した「おびえる」は、平安時代には「たまげる」に変化し、室町時代になると「びっくりする」という言葉が流行したのです。

東京地方では驚くことを「びっくりする」と表現する人が多いかと思います。それは室町時代に登場した「びっくりする」が関東に伝わり広まったからです。また東北地方で、「たまげる」と言う人が多いのは、京都との関係が深かったからです。それぞれの地方の言葉にどう影響を与えたのか、方言を調べるといろいろなことがわかってきます。驚くことを「おびえる」「たまげる」「びっくりする」のどの表現を使うかで、どの時代の言葉に影響された地方の出身かもわかるのです。

もともと偽物《にせもの》という意味はありませんでした

いかさま

▼「どのように」は「いかにもそのとおり」に変化し、「いかにも本物のようだ」を経て、「偽物ではないか」という意味に変わりました。

◇言葉の語源・解説

「いかさま」と言うと偽物というような感じを受けますが、もともと偽物という意味はありませんでした。万葉集の中に出てくる〝いかさまに思ほしめせか〟（柿本人麻呂）の「いかさま」を漢字で書くと「如何様」となり、「どのように」という意味になります。つまりこの句は「どのように思っていますか、どういう様子ですか」という意味となります。このように「いかさま」は「どのように」ということを指す言葉として使われていたのです。

その後、江戸時代になると、「確かに、なるほど」という意味として「如何にも」を表すようになりました。つまり「どのように」という意味から「そのとおり」という意味に変わり「いかにも本物のようだ」という意味を指すようになったのです。この「いかにも本物のようだ」という表現が、今度は「なんだ本物じゃないのか、偽物なのか」という意味としてとらえられるようになったのです。

「どのように」が「いかにもそのとおり」というような言い方に変化し、江戸時代になると「いかにも本物のようだ」という意味となり、さらに現在私たちが使ってる「偽物ではないか」という意味を指す言葉となったのです。

おっとり刀

勢いをつけて飛び出していく様子を表しています

▼「おっとりしている」の「おっとり」と「おっとり刀」の「おっとり」は異なる意味があります。

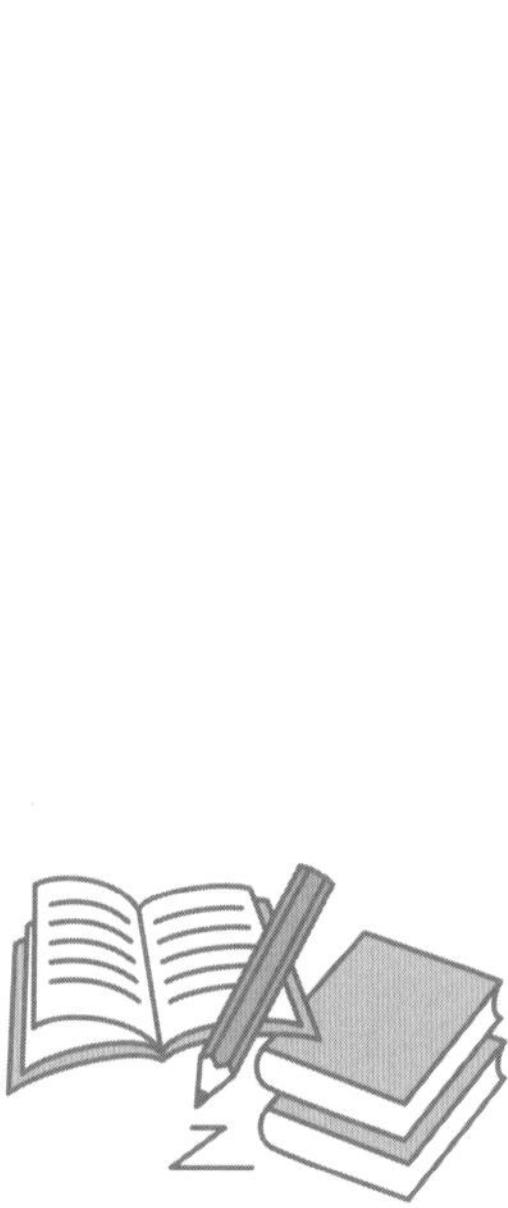

◇言葉の語源・解説

あの人は「おっとりとしているね」という「おっとり」とは、ゆったりとしているという意味があります。そのため「おっとり刀」とは、刀をゆっくり抜いて構えている様子を指すものと思われがちです。

しかし「おっとり刀」はまったく反対の意味の言葉です。

確かに「おっとり」はゆったりとしているという意味がありますが、漢字で書くと「押し取り」と書きます。

「押し取り」の「し」の部分が「っ」と変化したものが「おっとり」なのです。「おっとり刀」は、なにか火急の場面に遭遇し、急いで刀を取って出掛けていく様子を表しているのです。ですから「おっとり刀」の「おっとり」は、「ゆったりとしている」という意味とはまったく反対の意味になるのです。

勢いをつけて刀を押し取って出て行くお侍が目に浮かぶでしょうか。

最近ではあまり「おっとり刀」という言葉は聞かれなくなってしまいましたが、「おっとり刀」は多くの人たちが、本来の意味とは違って理解している言葉のひとつでしょう。

「うんともすんとも」はカードゲーム、
「うんすんかるた」が語源

うんともすんとも

▼「運」という漢字には、相手を包み込むことを表し、自分たちの思い通りに動かしていくという意味があります。

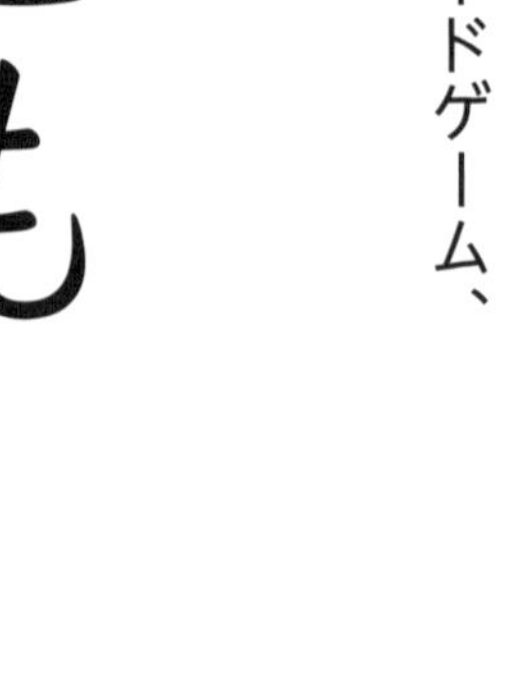

◇言葉の語源・解説

「なにも答えない」という意味で「うんともすんとも言わない」という言葉があります。この言葉は室町時代からありました。「うんともすんとも」の「うん」と「すん」は、室町時代、ポルトガル人が広めたカードゲームと関係があります。そのカードゲームが、日本独自のものに変化したものが「かるた」で、そのひとつに「うんすんかるた」というものがあります。多くのキリシタンがいた長崎地方をはじめ、九州地方で流行りました。

一七一二年頃、近松門《ちかまつもん》左衛門《ざえもん》が書いた浄瑠璃《じょうるり》の中にも「うんすんかるた」は登場します。一七九〇年頃、寛政の改革では遊興禁止令の発布により、「うんすんかるた」は禁止され次第に廃《すた》れますが、「うんすんかるた」に夢中になり、話しかけても答えてくれない様子から、「何の反応もない、何も答えない」ということを指す言葉として「うんともすんとも言わない」という表現が生まれたのです。つまり、「うんともすんとも」はカードゲーム、「うんすんかるた」が語源です。

ちなみに「うん」は「運」と漢字では書きます。「運」の中の「軍」には相手を包み込んでしまうということを指し、自分たちの思い通りに動かしていくという意味があります。巡り合わせがいいことが起こることを「運」という字は表しています。

もともとは「うまくいかない」という意味で使われていました

こだわる

▼「うまくいかない」という意味が時間とともに「徹底的に追求する」という意味に変化してきました。

◇言葉の語源・解説

「こだわり」とは、自分自身にとって大切な、徹底的に追求するようなときに使う言葉です。

しかし以前は「うまくいかない」という意味で使われていました。

江戸時代、『東海道中膝栗毛《とうかいどうちゅうひざくりげ》』（十返舎一九《じゅっぺんしゃいっく》）に「刀のつばが横腹にこだわって歩きずらい」という表現があります。「こだわる」は漢字で「拘わる」と書きます。「拘わる」は「こだわる」の他に「かかずらわる」とも読みます。「拘」の「句」は小さなかたまりという意味があります。これに「扌（てへん）」がついてひとつのかたまりを、狭いところに押しこめてしまうということを表しています。

すなわち自由に動けないという意味になるのです。

「こだわる」とは、もともとは「うまくいかない」という意味でした。それが、心の中で小さなこと、些細《ささい》なことを必要以上に気にしてしまうという意味に変化します。今では「こだわりがある」は「お酒ならこの銘柄にこだわる」「洋服なら黒色の服にこだわる」というように使うようになってしまいました。

「三絶」は何度も切ってしまう
という意味です

韋《い》編《へん》三《さん》絶《ぜつ》

▼竹や木札をなめし革でつなぎあわせている様子が、「韋編三絶」が何度も読み返すということを指す言葉になった理由です。

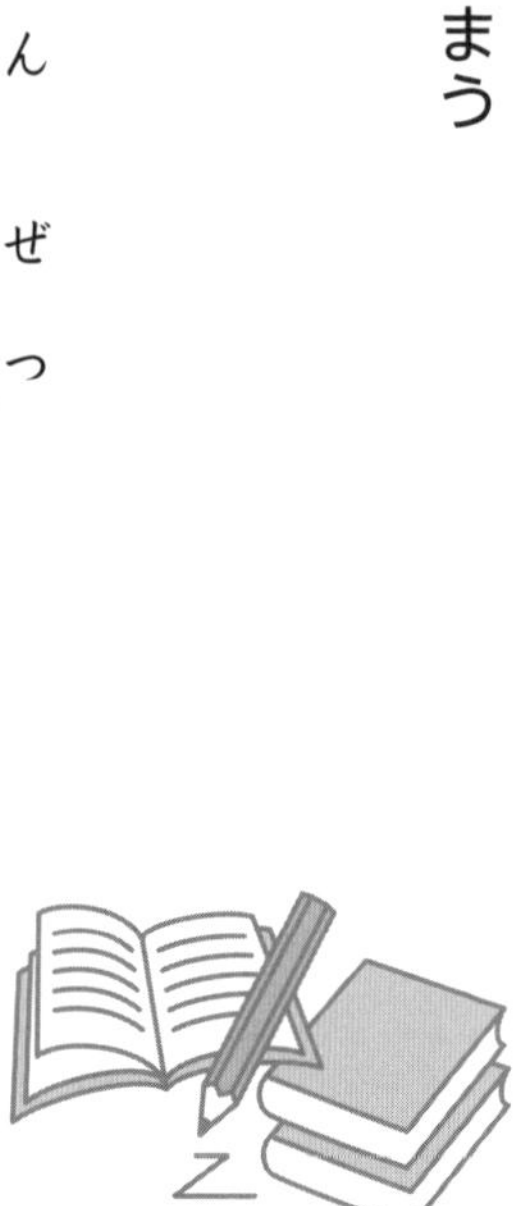

◇言葉の語源・解説

同じ本を何回か読むことを「韋編三絶」と言います。「三絶」の「三」とは何度も何度もという意味があります。「絶」とは切るという意味がありますので、「韋編三絶」とは「韋編」を何度も切ってしまうという意味になります。

「韋編」の「韋」はもともと、ぐるぐる同じ場所を回るという意味でした。

さて現在では本はめくって読みますが、古代中国では文字が書かれている細い板状になっている竹や木札をなめし革でつなぎ合わせ、それを丸めた巻物のような形でした。それを何度も繰り返して読むと、そのつなぎ合わせのなめし革が切れてしまいます。そのことを表すのが「韋編三絶」なのです。

「韋＝なめし革」「編＝編んだもの」が「三＝何回も」「絶＝切れる」、すなわち何回も読むということを表す言葉となったのです。

ところで「韋」は「緯度」という言葉にも使われています。北緯何度というように緯度は横の線を示しています。反対に「経」とは東経何度というように縦の線を示していますす。つまり「緯」は横の線という意味がありますので、「韋編」とは横に編んでいくという意味になるのです。

サイコロと大きな関係がある言葉です

いちかばちか

▼「いち」は「〇」、「ばち」は「×」を表しているのが語源である説と、「丁半博打」が語源であるという説があります。

◇言葉の語源・解説

大きな勝負に出るとき「いちかばちか」という言葉を使いますが、語源は何なのでしょうか。

「いち」は「○」、「ばち」は「×」です。漢字で書くと「一」と「罰」となります。「良いか悪いかわからないが、とりあえず」ということを意味します。「いちかばちか」の語源にはもうひとつ説があります。サイコロ博打で「丁半博打」というものがあります。ふたつのサイコロを壺《つぼ》の中に入れ、その合計の目が偶数（丁）なのか奇数（半）なのかを予想する博打です。

「丁」と「半」という漢字に注目すると、「丁」の始めの一画目は「一」、「半」の始めの二画は「八」という漢字を書きますので、「いちかばちか」は、「丁か半か」ということを指し、丁半博打が語源であるという説です。

「いちかばちか」と同じような意味で「一か六か」という言い方があったという記録があります。「一か六か」の「六」という漢字をよく見ると、「半（旧字体「半」）」と同様に「八」が入っています。こちらは「一か六か」という言い方から想像すると、サイコロで一の目が出るのか、六の目が出るのかなど、サイコロと関係がありそうです。

もともとは「隠す」という
ことを指す言葉です

ねこばば

▼「隠す」という意味が現代では、
「街中で拾ったものを自分のものにする」と
いう意味で使われています。

◇言葉の語源・解説

「ねこばば」というと、街中に落ちているものを拾い、自分のものにしてしまうという意味で使われますが、明治時代頃までは、〝悪いことをしたことを隠す〟という意味で使われていました。「ねこばば」の「ばば」は「糞《ふん》」のことを指します。ネコは糞をすると隠す性質があります。つまりネコが糞をしたことを隠す性質を、何か悪いことをしたときにそれを隠すという意味で「ねこばば」は使われていたのです。

「糞」のことを「ばば」と、今でも赤ちゃん用語、すなわち幼児語の方言で使われている地方があります。「ばばい」「ばばっちい」というように、「ばば」を汚いものを指す意味でも使われています。他に「ばば色」という言葉があります。これは糞のような色、つまり黄金色を意味します。じつはこれは「まばゆい」という言葉からきています。

「まばゆい」には目に美しいものが映っているという意味があります。その「まばゆい」が幼児語として「ばばゆい」となり、ばば色を指す言葉に変化したのです。「まばゆい」⇓「ばばゆい」⇓「ばばっちい」と変化し、汚いもの、悪いものを指す意味に変わっていったのです。もともと「ねこばば」は隠すということを指す言葉でしたが、今では「街中で拾ったものを自分のものにする」という違った意味で使われています。

室町時代でよく使われていた
擬態語のひとつです

とろへろ

▼「とろへろ」の「とろ」は、だらっとしている様子を指しています。「へろ」とは無表情で動きがない様子を指します。

◇言葉の語源・解説

今ではほとんど使われなくなった「とろへろ」という言葉があります。これは室町時代でよく使われていた擬態語です。

「とろへろ」は友だち同士が何時間も、だらだらと会っているような様子を表す言葉です。一五六三年に刊行された『玉塵抄《ぎょくじんしょう》』という書物の中に記されています。

「とろへろ」の「とろ」はとろけるという意味から、だらっとしている様子を指します。氷のような状態になっているものが、時間をかけてドロっと溶けてだらっとしているような感じです。

「とろける」を漢字で書くと「蕩ける」となります。

「へろ」とは無表情で動きがない様子を表しています。つまり「とろへろ」とはだらっとしている状態がしばらく続くという意味です。

室町時代の擬態語のひとつである「とろへろ」、友だち同士で「ちょっと〝とろへろ〟しようか」というような感じで使ってみたらどうでしょうか。

好き勝手に振る舞う
様子を指す言葉です

はめをはずす

▼「はめ」は「羽目」「轡」と書くことができます。
漢字を使い分けることによって、
どのような状態なのかがわかります。

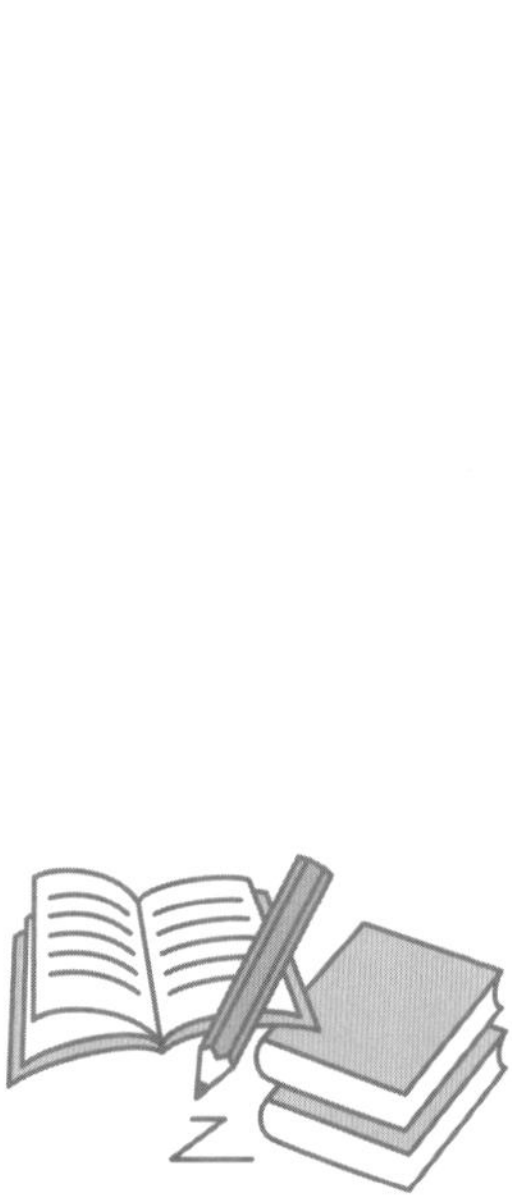

◇言葉の語源・解説

宴会などでお酒が入ってしまうと、ついはめをはずしてしまいがちです。この「はめをはずす」は漢字で書くと「轡をはずす」と書きます。「轡」は「くつわ」とも読みます。「轡」は馬の口に食わえさせ、馬に乗っている人が馬に指令を出すときに使う馬具のことです。轡が外れると馬は自由に、馬の気が向くままに暴走してしまいます。この暴走してしまう様子が通常とは異なることから、「轡をはずす」とは好き勝手に振る舞う様子を指す言葉となったのです。

また「羽目をはずす」とも書きます。「羽目」は家を作るとき、材木が落ちてこないように小さな板を入れますが、それを「羽目」と呼んでいたのです。もしこの板を外してしまうと、材木が落ちてきてしまい家が崩れてしまうことにもなります。すなわち通常の状態とは異なる形になることを指します。つまり羽目がはずれた状態とは、たが外れたようになること、すなわち、好き勝手にふるまってしまう様子を指すのです。

「羽目」は壊れてしまった状態になるときを表し、「轡」は暴走している状態になってしまったときを表します。このように、同じ「はめ」でも使い分けることができます。実際、古文書のような古い文献を見ると、しっかり使い分けられています。

ちょっと語彙
Column 4

買い占めの「しめ」はどうして「占」と書くの？

「買い占め」の「占」は「うらな（い）」とも読みます。どうして「占い」の「占」という同じ字を買い占めの「占」で使うのでしょうか。

もともと占いは「卜」という字で表していました。亀甲《きっこう》、牛の肩甲骨《けんこうこつ》に文字を刻み、火箸を当てて見える「卜」型の割れによって吉凶を判断するのが「卜」という字が占いを意味する由来です。その割れ方は神のお告げと考えられていました。「占」という字は「卜+口」から成り立っていますので、神のお告げを口で伝えるという意味合いから、「うらない」という字が「占」となったのです。

「占い」をすることにより、明日は雨なのか、どこに家を建てればいいかなど、神のお告げにより、良いか悪いかを判断します。神さまのお告げが「良い」と出たならそのお告げに従います。その様子から、神様のお告げのとおりに行動するということを指すのが「占」なのです。「買い占め」には見えない神のようなお告げによって行動をしてしまうという意味があるのです。

第5章

人に話したくなる言葉の語彙

「無聊」と「徒然《つれづれ》」は
同じ意味を表す言葉です

無聊《ぶりょう》を託《かこ》つ

▼なにもすることがなく暇をもてあまし、
どうして暇なのか、その理由もわからず、
ひとりごとを言っている様子を指しています。

◇言葉の語源・解説

「無聊を託つ」は、「ぶりょうをかこつ」と読みます。「無聊」は「むりょう」という読み方もありますが、一般的には「ぶりょう」と読みます。なにもやる気が起きないときに使います。『徒然草《つれづれぐさ》』の冒頭、「徒然なるままに」という言葉を聞いたことがあるかと思います。何もすることがないのでなにか書いてみようかな、という気持ちであることを示しています。つまり「無聊」と「徒然」は同じ意味を表しているのです。

「聊」は「耳（みみへん）＋卯」です。「木（きへん）＋卯」は「柳」です。「卯」はふらふらしている状態を表します。「柳」は葉がふらふらしている木のことを指し、「聊」は耳があっちを聞いたり、こっちを聞いたりと、色々なものを聞いている状態を言います。「無聊」とは、聞くことに関心がない、何を聞いても面白くないことを指します。「託つ」の「託」は、「言ってみる」という意味があります。

つまり「無聊を託つ」とは、なにもすることがない理由を人のせいにしようと思っても、誰のせいにしていいのかわからず、ブツブツとひとりごとを言っている状態を指します。

「この連休はなにをしていましたか？」と尋ねられたら、「無聊を託ってましたよ」なんて答えたら恰好いいかもしれません。

「密」という字の意味を理解するときのポイントは「必」です

三密

▼「密」の字にある「必」には、「くっつく」という意味と「人が入って行けない」という意味があります。

◇言葉の語源・解説

コロナ禍でしきりに言われる「三密」とは、「密集」「密接」「密閉」を指しています。「密」は「宀＋必＋山」から成り立っています。「密」という字の意味を理解するときにポイントとなるのは「必」です。「必」は短い枝を長くするために、もうひとつの短い枝をつなぎ、枝と枝を縛り付けなければならないという意味があります。すなわち枝と枝がくっついていることを示していますので、「密にならないで下さい」とは「くっつかないで下さい」ということを表しているのです。

また「密」には、家を表している「宀（うかんむり）」がありますから、家をきちんと閉めるという意味もあります。すなわち「密閉」です。

ちなみに「密」にはもうひとつ、人が入って行けないような山という意味があります。「秘密」という言葉があるように、外部からはわからないという意味ですから「秘密」となるのです。「密」の「山」の部分が「虫」になると「蜜」という漢字になります。「宀＋必」はくっついていることを示していますから、ベトベトしているものを虫（＝ハチ）が家の中で作っていることを表しているのが「蜜」となり、「蜂蜜」の「みつ」は「蜜」と書くのです。

「畬《あらく》」という漢字は
焼き畑のことを指しています

あらく

▼地名の中に「畬」という字がある所は
もともとは焼畑農業が盛んであった
場所であったことが想像できます。

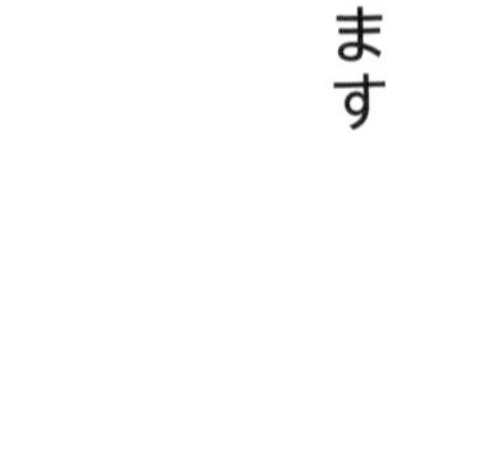

◇言葉の語源・解説

ネットを検索していましたら、「東京都町田市相原字作ヶ畓」という地名を見つけました。「畓」は「あらく」と読みます。

地名で「畓」の字が使われている所は少ないと思います。「畓＝あらく」という漢字は珍しい漢字で、音読みでは「しゃ」と読みます。これはもともと中国では新田のことを指し、水田開発をした田のことを言います。日本では水田開発ではなく、焼き畑をする畑のことを「畓」と言います。「畑」という漢字は「火（ひへん）」に「田」と書きます。「畑」という漢字は日本で創られた国字です。中国で「畑」という漢字を書いても誰もわかってくれません。

日本では明治時代まで、焼畑農業が行われていました。特に標高が高い地域では、積極的に焼畑農業が行われていたのです。

「畓」という地名は漢字ではなく、「アラク」とカタカナで書く所もあります。すなわち「畓」や「アラク」が含まれている地名は、もともとは焼畑農業が盛んな土地であったと言えるのです。

他の人とくらべて目立っていたり
美しいということを表しています

あざらか

▼「あざ」とは目立つことを表していますので、
転倒などでできる「あざ」も
目立つという意味があります。

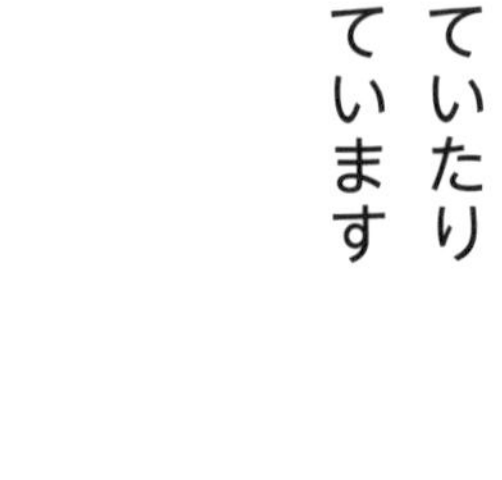

◇言葉の語源・解説

「あざやか」という言葉をよく耳にしますが、「あざらか」はあまり耳にしません。しかし「あざらか」は室町時代までは、ふつうに使われていました。

「あざらか」と「あざやか」は同じ意味がありますが、ちょっとだけ使い方に違いがありました。「あざらか」は魚や肉が新鮮な状態であることを指し、「あざやか」は人間の言動や身なりなどを指すときに使っていました。江戸時代になると、「あざらか」の「ら」が「や」に変化し、ほとんどの人が「あざらか」を使わず、現在のように「あざやか」を使うようになったのです。

「あざらか」の「あざ」は目立っていることを示します。「あざける」とは今では「嘲る」と漢字で書き、人をばかにするようなときに使いますが、もともとの意味は場所や相手を選ばず、大きな声を出して目立つようなことをする人を指していました。時と場所を選ばずに人前で大声を出している人は、恰好のいいものではありません。すなわち〝みっともない〟という様子から、その人を「嘲る」と言うようになったのです。

「あざらか」は、もともと他のものと比べて目立っている、人でたとえるならハキハキしている、あるいは容姿が他の人と比べて美しいというような意味があったのです。

「タ・チ・ツ・テ・ト」の「テ」は
「チョ」に近い発音をしていました

ちょっかい

▼猫が手で掻《か》いて、遊んでいる
様子から生まれた言葉です。
「手掻き」が「ちょっかい」です。

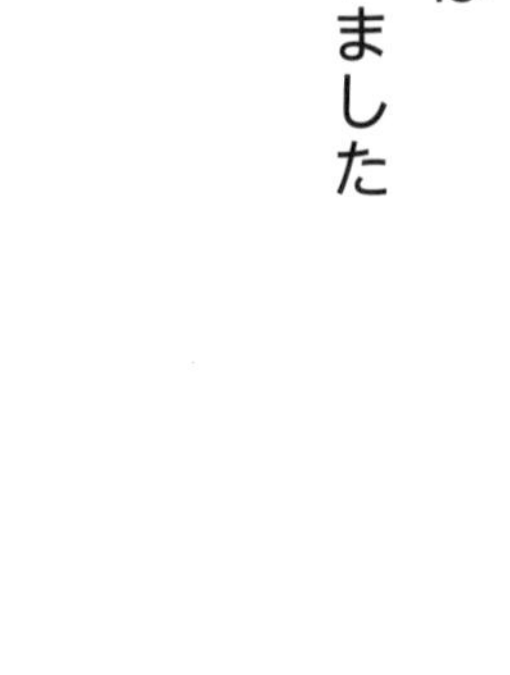

◇言葉の語源・解説

江戸時代中期に作られた俳句に、「ちょっかいに　立つ名ぞ惜しき　猫の夢」というものがあります。

猫は、可愛いねと言われるより、ゆっくりと寝て夢ごこち気分でいたいという思いを詠《よ》んだ句です。猫はよく寝ていますが、猫にとっては可愛いと言われるより、ゆっくりと寝たいものかも知れません。

「ちょっかい」とは猫が手でなにかを掻いて、遊んでいる様子から生まれた言葉です。つまり「手掻き」が「ちょっかい」なのです。なぜ「ちょ」が「手」という意味になるのでしょうか。「手水鉢」と書いて「ちょうずばち」と読みます。「手」を「ちょ」と読んでいます。「タ・チ・ツ・テ・ト」は今のような発音ではなく、「テ」は「チョ」に近い発音をしていました。「お手手」を「おちょちょ」という幼児語もあります。

ちなみにこの句の中にある「惜しき」の「惜」ですが、この字の中には「昔」が入っています。これは時が重なっていること、すなわち様々なできごとが時間とともに流れていったということを示しています。それに心を表す「忄（りっしんべん）」がついていますので、忘れられない色々なことを思い出すことを表しているのです。

「強」「健」という漢字の意味がわかると
「したたか」さが身に付きます

したたか

▼「したたか」は漢字で表すと
「強か・健か」となり、漢字の成り立ちから
四つの意味があります。

◇言葉の語源・解説

「したたか」を漢字では「強か・健か」と書きます。

「強か」の「強」の字には「弓」があります。弓とは力を入れて引っ張らないと矢が飛んでいきません。力が大きいことを表しています。

右側には「虫」が書かれており、虫が含まれています。これはカブトムシを表していま す。すなわち「強」という字は、弓のような力強さとカブトムシのような甲虫の強さを合わせて表現しているのです。

「健」には「建」が含まれています。これは地面からまっすぐ立ち、歩いている様子を表しています。

つまり「健」はまっすぐに歩いている人の様子を示している漢字なのです。

「強か」や「健か」は「したたか」と読むわけですが、「したたか」には、①しっかりしている・確かである、②分量がたくさんある、③勇猛である、④なかなか思いどおりにならない、という四つの意味があります。

「したたかに生きる」ことが要求される時代に我々は生きています。がんばりましょう！

ちょんまげを結うために後頭部の
髪の毛を剃った頭の形です

半髪頭《はんこうあたま》

▼明治時代には大きく分けて
「半髪頭」「総髪《そうはつ》」「散切《ざんぎ》り頭」

という髪型が存在していました。

◇言葉の語源・解説

一八七一（明治四）年に廃藩置県が実施されたと同時に、政府は断髪令《だんぱつれい》を発布《はっぷ》しました。ちょんまげを廃止しようという考え方です。そのときに歌われたものに「散切り頭をたたいてみれば、文明開化の音がする」というものがあります。このフレーズは有名ですが、じつはこのフレーズの前には「半髪頭をたたいてみれば因循姑息《いんじゅんこそく》の音がする」があるのです。この句はどのような意味があるのでしょうか。

半髪頭は「はんこうあたま」と読みます。ちょんまげを結うときに、後頭部の髪の毛を剃りますが、その頭の形を半髪頭と言います。「因循姑息」とは古い考えを改めず、一時しのぎをしてしまう、すなわち決断力に欠けぐずぐずしてしまうことを表しています。つまり「半髪頭をたたいてみれば、因循姑息の音がする」は、ちょんまげを結っている人が新しいものを受け入れない様子を表しています。そして「散切り頭をたたいてみれば、文明開化の音がする」は、ちょんまげを切り落としている人は、すでに新しいものを受け入れていることを表しているのです。

髪の形として、ちょんまげを結っていた部分をほどいただけの「総髪」と言われる形もありました。明治初期には「半髪頭」「総髪」「散切り頭」の髪形が存在していたのです。

もともと「かったるい」は
「かいなだるい」でした

かったるい

▼腕がだるいことを指していた言葉が
時代とともに変化し、疲れて動くのが
面倒な様子を指す言葉となりました。

◇言葉の語源・解説

「明日は仕事、かったるいなあ〜」というときに使う「かったるい」。「かったるい」は室町時代から使われる古い言葉。「かったるい」はもともとは「かいなだるい」と言いました。漢字で書くと「腕《かいな》だるい」です。肩がこったときには腕を回して肩をほぐそうとします。この様子が「腕だるい」なのです。この「かいなだるい」が時代とともに変化して「かったるい」になりました。つまり「かったるい」は「かった＋るい」ではなく、「かっ＋たるい」ということになります。すなわち、「かいな（腕）」の「かっ」と、「だるい」が変化した「たるい」が合わさったのが「かったるい」という言葉なのです。

「疲れる」という言葉があります。この「疲」には「やまいだれ」がありますので、うまく動けない状態を指します。「疲」には「皮」がありますが、「皮」は「波」の中にも見えます。「皮」は「なよなよしている」という意味があります。「波」の上では立っていることができません。「疲」もひとりでは立てないような状態を指します。ぐったりしているときに「疲」れたという漢字を使うのはそのような理由からなのです。「かったるい」の「たるい」も「疲」と同じように、なよなよしていて、ひとりでは立てないような状態を表しています。

すっぱとは「忍者」のことを指す言葉です

すっぱぬく

▼武士が「忍者が集めてきた情報をもとに、戦略を立てる」が「すっぱぬく」の語源です。

◇言葉の語源・解説

「すっぱぬく」の「すっぱ」は「素破」（他には「透波」「透破」）と漢字で書くことができます。漢字で表すと「すっぱぬく」の意味をイメージできるのではないでしょうか。「素破」の「素」には、「もとのまま」という意味があります。それを破るのですから、暴くことという意味になります。

鎌倉時代から室町時代まで、「すっぱ」とは忍者のことを指していました。武士は戦うときには自分の名前を名乗り、そして戦う理由を述べてから刀を抜きました。しかし忍者はいきなり刀を抜いて相手を襲います。忍者は、主に武士から情報収集のために雇われていました。

室町時代の楠木正成《くすのきまさしげ》は、多くの忍者を雇っていたと言われます。正成は忍者のおかげで数多くの情報を得ることができ、いきなり奇襲をかけることができたとも伝えられます。敵の情報を多く知ることができたのでしょう。

こうしたことから「忍者」を「素破」とも呼びました。「スパイ」と似ているところが不思議ですね。

「きこちない」「きごちない」が
変化したのが「ぎこちない」です

ぎこちない

▼「こちない」には、不自然な動きを
している様子や、無作法である様子を
指しています。

◇言葉の語源・解説

「ぎこちない」とは動きがぎくしゃくしている、不自然な動きのことを言います。「ぎこちない」は古くは「きこちない」「きごちない」と言っていました。

「きこちない」は「き」と「こちない」から成り立っています。「こちない」の「こち」とは「骨」を表します。「骨」は中国の上海地方で使われていた呉音《ごおん》では「こち」と発音します。「骨ない」は「骨のようだ」という意味です。ですから、「きこちない」とはぎくしゃくしている様子を表すのです。また「きこちない」の「き」は「機」や「器」を指し、「機械のように」という意味もあります。つまり「きこちない」には動きが不自然という意味もあるのです。

「こちない」にはもうひとつ「無礼、無作法である」という意味があります。すなわち「きこちない」は動きが骨のようにぎくしゃくしており、不自然な動きをして、無作法で慣れていない様子を表しているのです。「ぎこちない」と言い始めたのは江戸時代も終わりになってからです。

歌舞伎の世界では今でも「きこちない」と言うそうです。ぎこちない歌舞伎は見たくありませんね。

新聞記者の野《の》崎《ざき》左《さ》文《もん》が
言い放った言葉が由来です

へなちょこ

▼「なんだこのおちょこは……!」と言った
言葉が時間とともに変化して
「へなちょこ」となりました。

◇言葉の語源・解説

「へなちょこ」とは「弱々しい人、取るに足らない人」などを指す言葉です。「へなちょこ」は一八八一～二（明治十四～十五）年頃、明治時代になって使われるようになった言葉です。当時、土佐（高知県）出身の新聞記者だった野崎左文（一八五八～一九三五）という人が、お店でお酒を飲もうとしました。出されたおちょこの表面には鬼、中はお多福の絵が描かれていました。記者がおちょこにお酒をつぐと、自分が飲む前に〝じゅじゅ…〟と音をたて、おちょこがお酒を全部飲んでしまったのです。このときに彼が放った言葉が「なんだこのおちょこは…！」でした。これが時代とともに変化し、「へなちょこ」という言葉になったのです。「へなちょこ」は漢字では「埴猪口」と書きます。「埴」は泥を表します。野崎が飲んでいたおちょこは楽焼《らくやき》と呼ばれるもので水分を吸収してしまう性質があったため、飲む前におちょこがお酒を吸収してしまったのです。

新聞記事として「へなちょこ」という言葉が使われたため、徐々に世の中で使われるようになっていったのです。

今も使われる「へなちょこ」という言葉ですが、もともとは新聞記者であった野崎左文という人が使った言葉だったのです。

「はすっぱ」の「葉」は
「蓮の葉」を指しています

はすっぱ

▼「はすっぱな女」は軽い感じの女性のことを指し、「はすっぱな商売」は、軽薄な感じの商いをすることを言います。

◇言葉の語源・解説

「はすっぱ」という言葉は、少し前まで「はすっぱな女」などという言い方で使われていました。今ではほとんど使われなくなった言葉ですが、『広辞苑』には今でも載っています。

ところで、蓮の花で有名な場所のひとつに、東京都の恩賜上野動物園の近くにある不忍池があります。

七月頃に行くと、美しい蓮の花を見ることができます。

蓮の葉には、水が美しい玉のように光っています。じつは「はすっぱ」は「蓮葉」と書くものなのです。

これはどうしてでしょう。それは、蓮の葉の水がコロコロと転がって安定しないからなのです。

来れば何でも受け入れるが、それと仲良く、懇《ねんご》ろになることができない。商売にしても、その場限りで長続きしない。蓮は、花も葉に浮かぶ水玉も美しいとはいえ、永遠の美ではないのです。

「やけくそ」は「厭《いや》気《け》こそ」と表していました

やけくそ

▼「もう嫌だ！」という意味の「いやけこそ」が時間とともに「やけくそ」に変化していきました。

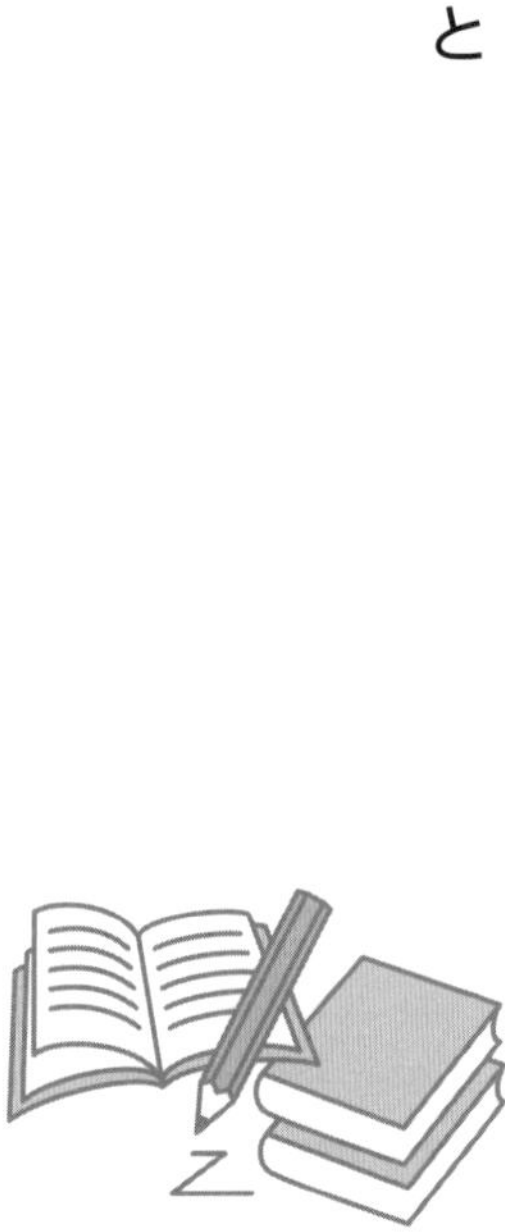

◇言葉の語源・解説

あまりいい意味で使われませんが、「やけくそ」という言葉があります。漢字で書くと「自暴糞」と書きます。「焼糞」と書く場合もあります。

もちろん「自暴糞」や「焼糞」は当て字です。もともと「やけくそ」は「厭気こそ」と書いていました。

「こそ」とは強調を表す助詞ですから、「いやけ」を強調しています。「もう嫌だ！」という意味の「いやけこそ」が時間とともに「やけくそ」に変化していったのです。「厭」という漢字には、油のきついものを食べ、もうなにも口にしたくない、気持ちの悪い状態を表しています。

すなわち、どうしようもない状態を指すのが「いやけ」という言葉なのです。その気持ちをさらに「こそ」で強調しているわけですから、もう言葉では言い表せない、本当に気持ちの悪い状態、どうしようもできない状態を表しています。

このように「やけくそ」の語源は「厭気こそ」であり、夏目漱石の遺作となった『明暗』の中でも使われています。その中で「厭気こそ」は「やけくそ」の当て字として「自暴糞」と書かれています。

「櫃《ひつ》」とは木製でできた
大切なものを入れておく箱です

いびつ

▼江戸時代初期、炊いたご飯を入れておいた
木の箱の形が綺麗な形を
していなかったのが語源です。

◇言葉の語源・解説

「いびつ」は、物の形がゆがんでいる様子を指す「いびつな形」、ビジネス社会では、社内の各部署の人員や年齢層のバランスがとれていない状態を指す「いびつな組織」というようなときに使われています。

すなわち「いびつ」という言葉は綺麗な形をしていない、形が整っていない様子を表しているのです。

それでは「いびつ」の語源はどこからきているのでしょうか。「いびつ」は漢字では「飯櫃」と書きます。「飯櫃」の「櫃」は木製でできた大切なものを入れておく箱という意味があります。「飯」には炊きあがったご飯という意味がありますので、「飯櫃」とは炊きあがったご飯を入れておく木の箱のことを言います。江戸時代初期、その形は円形ではありませんでした。小判のような楕円形、すなわち綺麗な円形ではなかったのです。その形状から綺麗な形をしていないものを「いびつな形」と呼ぶようになったのです。

今では「いびつ」を「歪」と書きます。「歪」は漢字が示すとおり、「不」の下に「正」と書きますので、正しくないことを表しています。すなわち正しい形ではないことを示しているのです。

「土壇」とは
首塚を言います

土《ど》壇《たん》場《ば》

▼処刑された人がどこに埋められて
いるかを表すために、
土を盛り上げた所を指しています。

◇言葉の語源・解説

「土壇＝どたん」はもともとは「どだん」と呼ばれる場所を指していました。「土壇」は室町時代からあった言葉です。「土壇」とは首を斬り、それを埋めるための土で作った墓を言いました。「壇」の「旦」の部分は土が盛り上がっていることを表しています。そして処刑された人を埋めた所の土が、盛り上がっている様子を表しています。「壇」の「亶」には、入れ物があり蓋をするという意味があります。処刑された罪人の首を切り落とすと、切り落とされた首がちょうど落ちるような所に穴を掘りました。処刑された罪人の死体を埋めたことを「土壇」は表しているのです。

処刑されるためにまずは穴を掘ります。処刑後には処刑された者をその穴に埋め、土で盛り上げました。そこに処刑者が埋められている場所ということを「土壇場」は表しているのです。

「どだんば」のように「ど」「だ」「ば」と濁音がみっつも重なると、なんとなく不気味な語感がします。反対に「土壇場」を「とたんぱ」と発音したら楽しそうな感じがしませんか。こんなふうに濁音ではじまる言葉は、なんとなく暗いイメージ、ネガティブなことを連想できることが多いものです。

きぬかつぎ

「衣被《きぬかつぎ》」は顔が人から見られないようにしている様子を表しています

▼里芋のことを指す「衣被」は、室町時代初期、宮中で働く女官の間で使われていた女房詞《ことば》です。

◇言葉の語源・解説

小料理屋さんで「きぬかつぎ」という品書きがありました。「きぬかつぎ」とは小さな里芋を蒸したり、湯がいたりしたものを言います。塩や酢醤油、ポン酢をつけて食べます。今は「きぬかつぎ」と呼ばれていますが、以前は「きぬかずき」と言われていました。「きぬかつぎ」を漢字で書くと「衣被」と書きます。小さな里芋の皮の部分が衣服のようにするりと剥《む》ける様子から「衣」と表し、その「皮」が実の部分を被っている様子を表しているので「衣被」と書きます。

「衣被」は古く平安時代、貴婦人が外出するとき、顔を人から見られないように一重の着物を頭から被っている様子を指していました。

「衣被」はもともとは「きぬかずき」と呼んでいましたが、江戸時代頃になると「きぬかつぎ」と呼ぶように変わりました。本来は「かつぎ」とは衣をかぶっている様子を表していたのです。

里芋のことを「衣被」と表現しますが、「衣被」は女房詞です。女房詞とは、室町時代初期、宮中に仕える女官たちの間で使われていた話し言葉のことを言います。

「あらぬ」は「非《あら》ず」という
言葉が由来しています

あらぬ思い

▼好きになってはいけない相手に対し、その感情を抑えることができないときの気持ちを表しています。

◇言葉の語源・解説

「あらぬ思い」とは、いったいどういう思いなのでしょうか。この言葉は、太宰治《だざいおさむ》が『葉桜《はざくら》と魔笛《まてき》』の中で、「身も世も、あらぬ思いで、私は、すぐには返事も、できませんでした」と女性が男性に手紙を宛てる場面で使われています。

「あらぬ思い」の「あらぬ」は「非ず」という言葉に由来します。「非ず」は「あるはずのない」という意味を指し、そこから「あってはならない」を意味するようになりました。

つまり「身も世も、あらぬ思い」とは「思ってはならないのに抑えることができない思い」という様子を表しています。不倫相手のような、好きになってはいけない相手に対して、その気持ちを抑えることができないような感情を表しているのです。

ただ「あらぬ思いにふける」という言い方になると、意味が少し変わります。この場合は必ずしも「思ってはいけない思い」という意味以外に「とりとめもない思い」という意味でも使われます。

「あらぬ思い」という言葉には、「思ってはいけないけれど抑えきれない感情」と「とりとめもない、空想のようなもの」というふたつの意味があるのです。

儒教の経典『易経《えききょう》』に
見える熟語

観光

▼自分の考え方（政策）が、統治している国全体にどのように浸透しているかを見聞しに行くことが本来の意味です。

◇言葉の語源・解説

現在では、「観光」とは美味しいものがある場所、綺麗な風景が望める場所などへ行くことを指しますが、じつは「観光」とは儒教の経典『易経』に使われる熟語なのです。ここに『易経』には「国の光を観《み》る、もって王に賓《ひん》たるに利《よろ》し」という一文があります。ここに見える「観光」の「光」は国家の威光のようなもの、自分の国の王様や帝王の徳（考え方）が、どれほど東西南北、すなわち国中にどれだけ行きわたっているか、そのことを確かめるために各地に行くということを表しています。

つまり、もともと「観光」という言葉の意味には、現在の旅行と同じような意味はありませんでした。

「観光」という言葉が現在のように、温泉に行くとか、美味しい物を食べに行く、素晴らしい景色を見に行くような意味で使われるようになったのは、国内に汽車や船などの交通機関が発達し始め、人々が交通機関を使い気軽に移動できるようになった、明治時代の後半になってからなのです。

七と三に分けた歩き方、江戸時代の
しぐさを表しています

七三歩き

▼道を歩くときのマナーとして
江戸時代の人々の間で
使われていた言葉です。

◇言葉の語源・解説

「七三歩き」とは、あまり聞きなれない言葉でしょう。「七三歩き」はもともと江戸時代の江戸で使われた言葉なのです。髪の毛を分けるときに、「七三分け」という言葉を聞いたことがあるでしょう。

「七三分け」のように「七三歩き」とは、七と三に分けた歩き方、江戸時代のしぐさを表した言葉です。道幅の全体に対して端から十分の三あたりの箇所を歩くことを言います。全体の七割の箇所を、馬に乗ってくる人や、急いで走ってくる人のためにあけておくためです。つまり「七三歩き」とは、人の邪魔にならないように気配りがされた歩き方を言います。

最近は「七三歩き」を教えてくれる人も少なくなりました。他の人のことを考えず、細い路地でも真ん中を歩く人がいます。また、電車でもバスでも入り口に突っ立って中へ入れないなんてこともあります。

「七三歩き」とは、自分だけが良ければいいという自己中心的な考え方ではなく、他の人のことも考えられる人になりなさいということを教えてくれている、大切な言葉なのです。

◆著者略歴

山口謠司（やまぐち・ようじ）

1963年長崎県生まれ。博士（中国学）。大東文化大学文学部大学院、フランス国立高等研究院人文科学研究所大学院に学ぶ。ケンブリッジ大学東洋学部共同研究員などを経て、大東文化大学文学部中国文学科教授。

主な著書に『語彙力がないまま社会人になってしまった人へ』（ワニブックス）、『日本語を作った男　上田万年とその時代』（第29回和辻哲郎文化賞を受賞。集英社インターナショナル）、『日本語の奇跡＜アイウエオ＞と＜いろは＞の発明』『ん―日本語最後の謎に挑む―』『名前の暗号』（新潮社）、『てんてん　日本語究極の謎に迫る』（KADOKAWA）、『カタカナの正体』（河出書房新社）、『大人の漢字教室』『にほんご歳時記』（ＰＨＰ研究所）、『漢字はすごい!』（講談社）、『ここが肝心!語彙力のヘソ』（徳間書店）、『おとなのための１分音読』（自由国民社）、『日常会話からネーミングまで 語感力事典』（笠間書院）、『13歳からの読解力』（PHP研究所）など著著多数。

・現在、日本語の面白さを紹介するために、YouTubeで動画を配信しています。
「やまぐちようじ」と検索すると出てきますので、良かったらご覧ください。

耻ずかしい日本語

語彙力・社会人力アップのための楽しい日本語講座

2021年1月8日　第1版第1刷

著　者　山口謠司
発行者　後藤高志
発行所　株式会社 廣済堂出版
〒101-0052　東京都千代田区神田小川町2-3-13　M&Cビル7F
電話　03-6703-0964（編集）
03-6703-0962（販売）
FAX　03-6703-0963（販売）
振替　00180-0-164137
URL　https://www.kosaido-pub.co.jp

印刷所
製本所　株式会社 廣済堂

ISBN 978-4-331-52317-9　C0095

定価はカバーに表示してあります。
落丁・乱丁本はお取替えいたします。